• Die Sprachzeitung •
TRAININGSHEFT

DaF Grammatik

Konjunktiv I und II

Prüfungsrelevante Grammatik

Niveau A2 – B2

von Anne-Kathrein Schiffer

Carl Ed. Schünemann KG

Liebe Lernende,

mit unserer kleinen DaF-Reihe bieten wir Selbstlernerinnen und -lernern kleine Grammatikeinheiten zum Üben, Wiederholen und Vertiefen an. Die Hefte können parallel zum kurstragenden Lehrwerk eingesetzt werden und wenden sich an alle, die sich gezielt auf DaF-Prüfungen vorbereiten wollen oder sich übungsintensiven Lerninhalten noch einmal widmen möchten.

Die Grammatikinhalte orientieren sich an **Prüfungsformaten der gängigen DaF Sprachprüfungen** (z. B. Zertifikat Deutsch/telc Deutsch B1, Goethe-/ÖSD-Zertifikat B1 etc.) auf den Niveaus A2 bis B2.

Dieses Heft behandelt das Grammatikthema **Konjunktiv I und II:**

Den **Konjunktiv I** benutzt man in der **indirekten Rede.** Er begegnet einem hauptsächlich in journalistischen Texten oder mündlichen Berichten in den Medien, denn er ist ein Mittel, die Äußerungen anderer objektiv und neutral wiederzugeben. Der Konjunktiv I ist Grammatikstoff der **Niveaustufe B2** (GER).

Der Indikativ beschreibt Wirkliches, Reales, mit dem **Konjunktiv II** aber drückt man **Irreales** aus. Man nutzt ihn deshalb für **irreale Bedingungen, Vergleiche** und **Wünsche.** Mit dem Konjunktiv II kann man aber z. B. auch **höfliche Bitten** formulieren, **Wünsche** und **Vorschläge** äußern oder auch **Ratschläge** erteilen.

Der Konjunktiv II ist Grammatikstoff der **Niveaustufen A2-B2** (GER). Deswegen beginnt dieses Trainingsheft mit dem Konjunktiv II (S. 4 – 41), gefolgt von einem Kapitel zum Konjunktiv I (S. 42 – 54).

Am **Anfang eines jeden Kapitels** werden die jeweils behandelten Grammatikinhalte kurz und klar eingeführt. Zahlreiche Beispiele tragen zur Veranschaulichung des Stoffes bei. Abwechslungsreiche Übungen festigen anschließend das Gelernte und wenden es in unterschiedlichen Kontexten an. Vor jeder Übung ist das **Sprachniveau** angegeben. Abgerundet wird das Angebot von einem ausführlichen **Lösungsteil.** Auf diese Weise können Sie sich optimal auf anstehende Prüfungen vorbereiten.

Die Reihe wird fortgesetzt.

Viel Spaß und Erfolg wünscht
Ihre DaF-Redaktion

Der Konjunktiv II

- Der Konjunktiv II ist in vielen Gesprächen oder kommunikativen Situationen im Deutschen ein wahres Wundermittel! Mit ihm kann man:

Höfliche Bitten und Aufforderungen sowie Wünsche und Träume formulieren
Ich hätte gerne einen Cappuccino, bitte.
Könntest du mir bitte helfen?
Ich hätte jetzt gerne frei.

Vorschläge machen, Ratschläge erteilen und Empfehlungen aussprechen
Wir könnten heute Abend etwas Leckeres kochen.
An deiner Stelle würde ich zum Arzt gehen.
Du solltest ihn heute noch anrufen.

- Mit dem Konjunktiv II kann man aber auch Irreales, nicht Wirkliches ausdrücken:

Irreale Wünsche, Bedingungen und Vergleiche

Irrealer Wunsch: *Wäre es doch jetzt schon Sommer!*
Irreale Bedingung: *Wenn der Mond aus Schokolade wäre, (dann) würde ich ihn essen.*
Irrealer Vergleich: *Sie tut so, als ob nichts geschehen wäre.*

Formen der Gegenwart
Man kann den Konjunktiv II auf zwei Arten bilden:

1. Präteritum-Stamm + (ggf.) Umlaut + Konjunktiv II-Endung

- Der Konjunktiv II wird vom Präteritumstamm der Verben abgeleitet.
- Die Endungen lauten **-e/-est/-e** (Singular) und **-en/-et/-en** (Plural).
- Die Vokale **a, o** und **u** von unregelmäßigen Verben und Modalverben bilden im Konjunktiv II einen Umlaut: ***käme, könnte, dürfte.***
- Nur ***sollen*** und ***wollen*** haben im Konjunktiv II (wie die regelmäßigen Verben) keinen Umlaut: ***sollte, wollte.*** Diese Formen sind identisch mit dem Präteritum.

	haben	sein	werden	kommen	können	dürfen	müssen	sollen	wollen
ich	*hätte*	*wäre*	*würde*	*käme*	*könnte*	*dürfte*	*müsste*	*sollte*	*wollte*
du	*hättest*	*wär(e)st*	*würdest*	*kämest*	*könntest*	*dürftest*	*müsstest*	*solltest*	*wolltest*
er/es/sie	*hätte*	*wäre*	*würde*	*käme*	*könnte*	*dürfte*	*müsste*	*sollte*	*wollte*
wir	*hätten*	*wären*	*würden*	*kämen*	*könnten*	*dürften*	*müssten*	*sollten*	*wollten*
ihr	*hättet*	*wär(e)t*	*würdet*	*kämet*	*könntet*	*dürftet*	*müsstet*	*solltet*	*wolltet*
Sie/sie	*hätten*	*wären*	*würden*	*kämen*	*könnten*	*dürften*	*müssten*	*sollten*	*wollten*

2. Ersatzform *würde* (= *werden* im Konjunktiv II) + Infinitiv

Regelmäßige Verben sehen im Konjunktiv II oft genauso aus wie das Präteritum, deshalb nutzt man dann i. d. R. die **Ersatzform** mit ***würde + Infinitiv.***

ich	*würde*	
du	*würdest*	
er/es/sie	*würde*	*reisen, kochen, schwimmen,*
wir	*würden*	*schlafen, lesen, lachen,*
ihr	*würdet*	*telefonieren …*
Sie/sie	*würden*	

Die Verben ***haben, sein*** und die ***Modalverben*** verwendet man im Konjunktiv II meist in der „klassischen" Form *ohne* ***würde.*** (s. o.):

Ich hätte gerne einen Tee.
Sie wäre jetzt lieber zu Hause.
Wir könnten in ein Konzert gehen.

Von einigen unregelmäßigen Verben sind ebenfalls die „klassischen" Konjunktiv II-Formen ohne ***würde*** gebräuchlich:

gehen ➤ ich *ginge*
kommen ➤ ich *käme*
wissen ➤ ich *wüsste*
bleiben ➤ ich *bliebe*
brauchen ➤ ich *bräuchte*
geben ➤ ich *gäbe*
lassen ➤ ich *ließe*

Formen der Vergangenheit

- Im Konjunktiv II gibt es nur *eine* Vergangenheitsform. Sie wird mit dem **Konjunktiv II** von ***haben*** oder ***sein*** und dem ***Partizip II*** gebildet.
- **Verben der Bewegung** und einige Ausnahmen wie das z. B. das Verb ***bleiben*** bilden die Vergangenheit mit dem Konjunktiv II von ***sein + Partizip II.***
- Alle **anderen Verben** bilden die Vergangenheit mit dem Konjunktiv II von ***haben + Partizip II.***

	haben		**sein**	**Verben der Bewegung**
ich	*hätte*		*wäre*	
du	*hättest*		*wärest*	
er/es/sie	*hätte*	*gelacht, geweint, gesagt,*	*wäre*	*gegangen, geschwommen,*
wir	*hätten*	*geschrieben, telefoniert …*	*wären*	*gefahren, geflogen, gelaufen …*
ihr	*hättet*		*wäret*	
Sie/sie	*hätten*		*wären*	

Besonderheit: Konjunktiv II in der Vergangenheit mit Modalverben

Den Konjunktiv II in der Vergangenheit mit Modalverben bildet man mit dem Konjunktiv II von ***haben + Infinitiv Vollverb + Infinitiv Modalverb***. Das Partizip II wird hier *nicht* verwendet.

Ich hätte früher kommen sollen.
Du hättest besser aufpassen müssen.
Wir hätten länger schlafen können.

Satzbau / Wortstellung im Satz

Der Satzbau bzw. die Wortstellung im Satz funktioniert beim Konjunktiv II nach den bekannten Regeln:

Im **Hauptsatz / Aussagesatz** steht das konjugierte Verb auf Position 2 und der Infinitiv ggf. am Ende.

Position 1	Position 2	Mitte	Ende
Ich	*würde*	*gerne länger*	*schlafen.*
Sie	*hätte*	*gerne einen Tee.*	-

Im **Nebensatz** steht das konjugierte Verb am Ende.

	Hauptsatz	Nebensatz	
Gegenwart	*Ich würde mich nicht wundern,*	*wenn*	*sie das Treffen absagen würde.*
Vergangenheit	*Ich hätte mich nicht gewundert,*	*wenn*	*sie das Treffen abgesagt hätte.*

Steht der Nebensatz **vor** dem Hauptsatz, beginnt der Hauptsatz mit dem konjugierten Verb.

	Nebensatz		Hauptsatz
Gegenwart	*Wenn*	*sie das Treffen absagen würde,*	*würde ich mich nicht wundern.*
Vergangenheit	*Wenn*	*sie das Treffen abgesagt hätte,*	*hätte ich mich nicht gewundert.*

Im **Fragesatz** steht das konjugierte Verb auf Position 1 und das Subjekt auf Position 2.

Position 1	Position 2	Mitte	Ende
Würdest	*du*	*mich*	*begleiten?*
Wäre	*das*	*eine Idee?*	-
Könnten	*wir*	*bitte eine Pause*	*machen?*

Im **Ausrufesatz** steht das konjugierte Verb auf Position 1 und das Subjekt auf Position 2.

Position 1	Position 2	Mitte	Ende
Hätten	*wir*	*doch bald Urlaub!*	-
Wärst	*du*	*doch nicht zu schnell*	*gefahren!*
Könnte	*ich*	*doch jetzt nach Italien*	*fahren!*

1 | Formenbildung

A2 **1 Wie lauten die Regeln zur Formenbildung des Konjunktivs II? Ergänzen Sie.**

a) Man hat .... Möglichkeiten den Konjunktiv II zu bilden.

b) Man kann den Konjunktiv II vom .... -stamm ableiten oder mit .... plus Infinitiv bilden.

c) Die Konjunktiv-Endungen lauten .... im Singular und .... im Plural.

d) Die Vokale ... , ... und ... bilden bei unregelmäßigen Verben und den meisten Modalverben im Konjunktiv II einen Umlaut: ***k** ... **me, k** ... **nnte, d** ... **rfte.***

e) Nur die Modalverben .... und .... haben im Konjunktiv II keinen Umlaut: ***s** ... **llte, w** ... **llte.*** Diese Formen sind .... mit dem .... Das ist bei allen .... Verben ebenso.

A2 **2 Bilden Sie von diesen Verben zuerst das Präteritum und dann den Konjunktiv II. Ergänzen Sie.**

	Präteritum	**Konjunktiv II**
ich habe	....	....
du bist	....	....
er/es/sie wird	....	....
wir können	....	....

	Präteritum	Konjunktiv II
ihr dürft	…………………………	…………………………
Sie/sie müssen	…………………………	…………………………
ich will	…………………………	…………………………
du sollst	…………………………	…………………………

A2

3a) Welche Verben bilden den Konjunktiv II in der Gegenwart üblicherweise mit *würde + Infinitiv*? Kreuzen Sie an.

- ◯ haben
- ◯ müssen
- ◯ schreiben
- ◯ transportieren
- ◯ sein
- ◯ gehen

3b) Welche Verben bilden „klassische" Formen im Konjunktiv II? Kreuzen Sie an.

- ◯ kommen
- ◯ warten
- ◯ sein
- ◯ lassen
- ◯ lachen
- ◯ bleiben
- ◯ haben
- ◯ kochen
- ◯ antworten
- ◯ wissen
- ◯ telefonieren
- ◯ bestellen

A2 – B1

4 Bilden Sie den Konjunktiv II der Verben in der Gegenwart und in der Vergangenheit.

Indikativ	Konjunktiv II der Gegenwart (*würde + Infinitiv*)	Konjunktiv II der Vergangenheit (*hätte/wäre + Partizip II*)
ich schwimme	…………………………	…………………………
du liest	…………………………	…………………………
er lacht	…………………………	…………………………
sie rennt	…………………………	…………………………
es (das Baby) schreit	…………………………	…………………………
wir telefonieren	…………………………	…………………………
ihr kocht	…………………………	…………………………
sie fliegen	…………………………	…………………………

2 – B1 **5a) Wie lauten die Formen im Konjunktiv II mit Modalverben? Ergänzen Sie die Formen in der Gegenwart und beachten Sie die Wortstellung *Modalverb im Konjunktiv II + Infinitiv Vollverb.***

a) ich – essen – sollen ich sollte essen ……………
b) du – mitkommen – müssen ……………
c) er – vorlesen – können ……………
d) es (das Baby) – schlafen – müssen ……………
e) sie – bestellen – wollen ……………
f) wir – fernsehen – dürfen ……………
g) ihr – aufstehen – können ……………
h) sie (Pl.) – abfahren – sollen ……………
i) du – anrufen – wollen ……………
j) ihr – informieren – müssen ……………

5b) Und jetzt in der Vergangenheit. Notieren Sie die Formen aus 5a in der Vergangenheit. Beachten Sie die Wortstellung: *hätte + Infinitiv Vollverb + Infinitiv Modalverb!*

a) ich – essen – sollen ich hätte essen sollen ……………
b) du – mitkommen – müssen ……………
c) er – vorlesen – können ……………
d) es (das Baby) – schlafen – müssen ……………
e) sie – bestellen – wollen ……………
f) wir – fernsehen – dürfen ……………
g) ihr – aufstehen – können ……………
h) sie (Pl.) – abfahren – sollen ……………
i) du – anrufen – wollen ……………
j) ihr – informieren – müssen ……………

A2 **6a) Ersetzen Sie den Konjunktiv II mit *würde + Infinitiv* durch eine „klassische" Konjunktiv II-Form.**

a) es würde gehen .... es ginge

b) es würde darauf ankommen ....

c) ich würde wissen ....

d) er würde bleiben ....

e) ich würde brauchen ....

f) ich würde geben ....

g) sie würde lassen ....

6b) Und nun im Kontext! Ersetzen Sie den farbigen Ausdruck mit „klassischen" Konjunktiv II-Formen.

a) Statt der Kartoffeln hätte ich gerne Reis. ***Würde*** das ***gehen***?

Ginge das? ....

b) Es ***würde*** darauf ***ankommen***, ob wir Reis haben.

....

c) Ja, das ***würde*** sich machen ***lassen***.

....

d) Wo ist eigentlich Paula? Das ***würde*** ich auch gerne ***wissen***!

....

e) Es wäre schön, wenn er bis zum Ende ***bleiben würde***.

....

f) Sie ***würde*** nochmal den Hammer ***brauchen***.

....

g) Was ***würde*** ich drum ***geben***!

....

2 | Wortstellung im Satz

Aussagesätze

A2

1 Formulieren Sie Aussagesätze im Konjunktiv II wie in den Beispielen.

Position 1	Position 2	Mitte	Ende
Ich	*würde*	*gerne länger*	*schlafen.*
Wir	*könnten*	*mal wieder Karten*	*spielen.*
Sie	*hätte*	*gerne einen Tee.*	–
Er	*wäre*	*lieber bei seiner Freundin.*	–

a) können – Ich – Abend – etwas – heute – kochen

....

b) Kalifornien – ihre – Carol – Familie – besuchen – gerne

....

c) frei – haben – gerne – Wir

....

d) Berge – lieber – Büro – Wir – als – sein

....

Fragesätze

A2

2 Formulieren Sie Fragesätze als höfliche Bitte oder höfliche Aufforderung im Konjunktiv II wie in den Beispielen.

Position 1	Position 2	Mitte	Ende
Könnten	*wir*	*bitte eine Pause*	*machen?*
Dürfte	*ich*	*heute etwas früher*	*gehen?*
Hätten	*Sie*	*einen Moment Zeit?*	–

Tipp: Sehr viele Fragen kann man sowohl mit ***würde*** als auch mit ***könnte*** einleiten.

a) Schließt du bitte die Tür auf?

Könntest/Würdest ....

....

b) Haben Sie ein Taschentuch für mich?

....

c) Kannst du ihr bitte helfen?

....

d) Holt ihr mich ab?

....

e) Fahren wir jetzt bitte los?

....

Ausrufesätze

A2 – B1 **3 Formulieren Sie Ausrufesätze als irreale Wünsche im Konjunktiv II wie in den Beispielen.**

Position 1	Position 2	Mitte	Ende
Hätten	*wir*	*doch bald Urlaub!*	–
Wärst	*du*	*doch nicht zu schnell*	*gefahren!*
Könnte	*ich*	*doch besser Französisch*	*sprechen!*

a) Du – haben – doch – schweigen !

....

b) Er – jetzt – doch – bei – mir – sein !

....

c) Ich – dir – doch – helfen – können!

....

d) Wir – doch – nicht – zu spät – kommen – sein!

....

e) Sie – doch – für die Prüfung – mehr – haben – lernen!

....

....

Hauptsatz vor Nebensatz

2–B1 **4a) Formulieren Sie Haupt- und Nebensätze im Konjunktiv II. Achten Sie dabei auf die korrekte Wortstellung wie im Beispiel.**

	Hauptsatz	Nebensatz
Indikativ	*Ich **freue** mich,*	*wenn du mich **besuchst**.*
Konjunktiv II	*Ich **würde** mich **freuen**,*	*wenn du mich **besuchen würdest**.*

a) Ich nehme eine Tablette, wenn ich Kopfschmerzen habe.

....

b) Sie trinkt viel Tee, wenn sie erkältet ist.

....

c) Wir lernen regelmäßig, wenn wir eine Prüfung haben.

....

d) Es ist gut, wenn du etwas früher kommst.

....

Nebensatz vor Hauptsatz

2–B1 **4b) Und nun umgekehrt: Stellen Sie aus Aufgabe 4a den Nebensatz vor den Hauptsatz und formulieren Sie im Konjunktiv II. Achten Sie besonders auf die Wortstellung im Hauptsatz!**

Tipp: Sie können im Hauptsatz ***dann*** ergänzen, können es aber auch weglassen.

	Nebensatz	Hauptsatz
Indikativ	*Wenn du mich **besuchst**,*	*(dann) **freue ich** mich.*
Konjunktiv II	*Wenn du mich **besuchen würdest**,*	*(dann) **würde ich** mich **freuen**.*

a) ....

b) ....

c) ....

d) ....

3 | Höfliche Fragen und Bitten

Wenn man im Deutschen eine **Bitte** hat, formuliert man diese meistens als **Fragesatz im Konjunktiv II.** Denn mit dem Konjunktiv II hat man die Möglichkeit, eine Bitte besonders höflich auszudrücken und erhöht damit die Wahrscheinlichkeit, dass die Bitte auch gern erfüllt wird.

Könnten wir bitte eine kurze Pause machen? – Könnten wir einen kleinen Spaziergang machen?

In beiden Fällen klingen die Fragen viel höflicher, als wenn man sie so formuliert:

Machen wir jetzt eine kurze Pause? – Machen wir einen Spaziergang?

! Je besser Sie den Konjunktiv II als Mittel beherrschen, sich höflich auszudrücken, umso eher erreichen Sie Ihre Wünsche und Ziele!

A2 **1 Schreiben Sie die Sätze als höfliche Bitten. Verwenden Sie *würde + Infinitiv* oder das Modalverb *können* im Konjunktiv II + *Infinitiv*. Vergessen Sie das Wort *bitte* nicht.**

a) Hilf mir!

Könntest/Würdest du mir bitte helfen? ....

b) Gib mir ein Taschentuch!

....

c) Mach die Tür leise zu!

....

d) Bedanke dich für das Geschenk!

....

e) Füttere den Hund!

....

f) Ruf die Großmutter an!

....

A2 **2 Im Unterricht: Formulieren Sie höfliche Bitten mit *können* im Konjunktiv II + *Infinitiv*. Vergessen Sie auch hier das Wort *bitte* nicht.**

a) Ihr – leiser – sein

....

b) Sie – das Wort – noch einmal – buchstabieren

....

c) Sie – mir – helfen

....

d) Wir – einen Film – schauen

....

e) Wir – eine Pause – machen

....

f) Sie – etwas – größer – schreiben

....

A2 **3 Im Restaurant. Lesen Sie folgende Wünsche und formulieren Sie höfliche Bitten wie in den Beispielen.**

Sehr häufig steht hinter einer Bitte eigentlich ein Wunsch, der erfüllt werden soll, z. B.:

Wunsch: *Sie möchten gerne die Speisekarte haben.*
➤ **Höfliche Bitte:**

Könnte/Dürfte ich bitte die Speisekarte haben?	(Modalverb ***können/dürfen im Konjunktiv II + bitte*** + Infinitiv)
Ich hätte gerne die Speisekarte.	(***hätte + gerne***)

Wunsch: *Sie möchten gerne bestellen.*
➤ **Höfliche Bitte:**

Könnte/Dürfte ich bitte bestellen?	(Modalverb ***können/dürfen im Konjunktiv II + bitte*** + Infinitiv)
Ich würde gerne bestellen.	(***würde + gerne*** + Infinitiv)

a) **Wunsch:** Sie möchten eine Pizza und ein Glas Rotwein haben.

➤ Ich hätte gerne eine Pizza und ein Glas Rotwein.

➤ Könnte ich bitte eine Pizza und ein Glas Rotwein haben?

b) **Wunsch:** Sie möchten ein schärferes Messer haben.

➤ ....

➤ ....

....

c) **Wunsch:** Sie möchten noch einmal die Speisekarte haben.

➤ ....

➤ ....

....

d) **Wunsch**: Sie möchten noch ein Dessert bestellen.

➤ ....

➤ ....

e) **Wunsch:** Sie möchten bezahlen.

➤ ....

➤ ....

A2

4 Im Café. Lesen Sie den Dialog und ergänzen Sie die richtigen Konjunktiv II-Formen der Verben *haben, werden, können* und *dürfen*. Manchmal gibt es mehrere Möglichkeiten.

Bedienung: Guten Tag! Was kann ich Ihnen bringen?

Gast: Guten Tag. Ich (1) .... gerne einen Tee und ein Stück Kuchen.

Bedienung: Sehr gerne, kommt sofort!

Gast: Ach und wenn es keine Umstände bereitet, (2) .... ich doch lieber an einem anderen Tisch sitzen.

Bedienung: Ja natürlich, das ist überhaupt kein Problem! Ist der Tisch dort drüben recht?

Gast: Ja, der ist sehr schön, vielen Dank! Und (3) .... ich bitte eine frische Serviette haben, diese hier ist wohl noch von einem anderen Gast.

Bedienung: Oh, entschuldigen Sie bitte! Selbstverständlich bringe ich Ihnen eine frische Serviette!

Gast: (4) .... Sie mir außerdem bitte auch ein Glas Wasser bringen, es ist schrecklich heiß heute.

Bedienung: Aber natürlich! Hier sind schon einmal der Tee und der Kuchen.

Gast: Danke. Ich (5) .... dann gerne auch gleich bezahlen.

Bedienung: Gerne. Das macht dann 12,80 Euro, bitte.

Gast: Machen Sie 14 Euro draus, bitte.

Bedienung: Herzlichen Dank!

Gast: Ach, noch eine Frage: (6) .... ich für morgen Mittag diesen Tisch hier reservieren?

Bedienung: Aber sicher! Auf welchen Namen?

Gast: Auf den Namen Schumann.

Bedienung: Wird gemacht! Bis morgen dann und einen schönen Tag noch!

4 | Wünsche und Träume

Es gibt **Wünsche und Träume**, die in Erfüllung gehen bzw. gehen können. Sie sind nur in dem Moment irreal, in dem man sie formuliert, sie sind aber theoretisch realisierbar. Solche Wünsche und Träume formuliert man mit dem Konjunktiv II der Gegenwart mit ***würde + Infinitiv*** bzw. mit dem Konjunktiv II von ***sein (wäre)*** und ***haben (hätte)***.

*Ich **wäre** gerne mit ihm zusammen.*
*Ich **hätte** gerne Urlaub.*
*Ich **würde** gerne ins Konzert **gehen**.*

A2 **1 *Hätte – wäre – würde?* Welches Verb ist richtig? Unterstreichen Sie.**

a) Laura **hätte / würde / wäre** gerne einen neuen Job.

b) David **würde / wäre / hätte** jetzt lieber in Spanien als in Deutschland.

c) Franziska **wäre / hätte / würde** am liebsten mit ihrem Freund nach Irland fahren.

d) Die Kinder **würden / hätten / wären** gerne Ferien.

e) Er **wäre / hätte / würde** lieber ins Kino gehen als ins Konzert.

f) Sie **wäre / würde / hätte** jetzt lieber am Meer als in den Bergen.

g) Wir **hätten / würden / wären** gerne einen Hund.

h) Ich **würde / hätte / wäre** gerne reich.

A2 **2 Tagträume. Kreuzen Sie die richtige Konjunktiv II-Form an.**

Ich habe gar keine zu Lust zu arbeiten! Ich (a) jetzt so gerne schon Urlaub, aber leider ist er erst in drei Monaten! Was (b) ich drum, wenn ich auf der griechischen Insel (c)! Ich (d) in der Sonne am Strand liegen und (e) sehr glücklich. Um mich herum (f) Kinder spielen und Sandburgen bauen. Weil ich sehr empfindliche Haut habe, (g) ich mich wirklich gut eincremen, damit ich keinen Sonnenbrand (h). Ich (i) endlich meine ganzen Bücher lesen, die zu Hause herumliegen, und außerdem (j) ich stundenlang Musik hören. Ich (k) nicht kochen, denn ich (l) ja im Restaurant am Hafen essen. Aufräumen und putzen (m) ich auch nicht, weil ich im Hotel wohnen (n). Ich (o) mir ein Auto mieten und Ausflüge machen. So (p) ich Land und Leute ein bisschen besser kennenlernen. Ich (q) bis spät in die Nacht auf, weil ich am nächsten Tag nämlich ausschlafen (r)! Ich (s) gar keinen Wecker mehr. Natürlich (t) ich nicht vergessen, regelmäßig meine Familie anzurufen, sie (u) sich sonst große Sorgen machen. Endlich (v) ich mal Zeit für mich! Ich glaube, ich (w) gar nicht mehr zurück ...
Huch! Was ist denn das für ein schreckliches Geräusch? Das Telefon klingelt! Wo bin ich? Ich bin im Büro! Och nee ...

(a)	(b)	(c)	(d)
◯ wäre	◯ wäre	◯ hätte	◯ würde
◯ hätte	◯ gäbe	◯ würde	◯ wäre
◯ würde	◯ hätte	◯ wäre	◯ hätte

(e) ◌ würde ◌ hätte ◌ wäre
(f) ◌ wären ◌ hätten ◌ würden
(g) ◌ könnte ◌ dürfte ◌ müsste
(h) ◌ käme ◌ ginge ◌ bekäme

(i) ◌ dürfte ◌ könnte ◌ sollte
(j) ◌ würde ◌ wäre ◌ hätte
(k) ◌ müsste ◌ könnte ◌ dürfte
(l) ◌ hätte ◌ wäre ◌ würde

(m) ◌ sollte ◌ wollte ◌ müsste
(n) ◌ könnte ◌ würde ◌ sollte
(o) ◌ dürfte ◌ müsste ◌ könnte
(p) ◌ wollte ◌ würde ◌ sollte

(q) ◌ bliebe ◌ ginge ◌ käme
(r) ◌ müsste ◌ sollte ◌ könnte
(s) ◌ hätte ◌ käme ◌ bräuchte
(t) ◌ wollte ◌ müsste ◌ dürfte

(u) ◌ würde ◌ müsste ◌ sollte
(v) ◌ bräuchte ◌ hätte ◌ käme
(w) ◌ sollte ◌ müsste ◌ käme

A2 **3 Was wünschen Sie sich? Schreiben Sie Sätze wie im Beispiel und ergänzen Sie drei eigene Wünsche.**

a) mehr Geld haben — Ich hätte gerne mehr Geld.
b) Urlaub machen — Ich würde ....
c) lange verreisen ....
d) bei dir sein ....
e) Fußballstar sein ....
f) größere Wohnung haben ....
g) neue Schuhe kaufen ....
h) ....
i) ....
j) ....

5 | Vorschläge machen und Ratschläge erteilen

Vorschläge machen

Vorschläge formuliert man im Deutschen meistens mit ***könnte***. Natürlich gibt es aber auch andere Möglichkeiten (s. u.). In Prüfungen machen Sie aber alles richtig, wenn Sie Vorschläge mit ***könnte*** formulieren.

Mit dem Konjunktiv II kann man Vorschläge besonders vorsichtig und höflich formulieren, ohne dass der Gesprächspartner/die Gesprächspartnerin denkt, den Vorschlag sofort umsetzen zu müssen. Der Vorschlag nennt sozusagen die eigene Meinung oder auch eine Empfehlung des Sprechenden.

B1

1a) Und jetzt? Ergänzen Sie die Minidialoge und machen Sie Vorschläge mit *könnte*.

Dialog A

● Ach Mensch, jetzt regnet es heute Abend schon wieder!
Wir wollten doch in den Biergarten gehen!

○ (ins Kino gehen) ....

● Hey, das ist eine super Idee! Ich reserviere gleich Karten!

Dialog B

● Wir haben viel zu viel eingekauft! Das können wir zu zweit alles gar nicht essen.

○ (Freunde einladen / etwas Leckeres kochen) ....

....

● Oh ja! Antje und Johann haben wir schon lange nicht mehr gesehen.
Ich rufe sie sofort an!

Dialog C

● Mann, mir ist total langweilig!

○ Dir ist langweilig? Na, da habe ich doch zwei wunderbare Vorschläge:

(mit dem Hund rausgehen) ....

.... Dann (dein Zimmer aufräumen) ....

.... , das ist nämlich dringend nötig!

Tipp: Vorschläge kann man im Deutschen aber auch anders formulieren, z. B. als Frage: ***Wie wäre es, wenn*** *wir gleich einen Spaziergang machen* ***würden****?*

1b) Schreiben Sie die Vorschläge aus 1a mit *Wie wäre es, wenn …*

a) Wie wäre es, wenn wir ins Kino gehen würden/gingen?

b) ....

c) ....

d) ....

....

e) ....

....

B1

2 Urlaubsplanungen. Familie Sander überlegt, wo sie die Sommerferien verbringen könnte. Ergänzen Sie die Vorschläge, Meinungen und Überlegungen der Familienmitglieder mit den Wörtern und Wortpaaren aus dem Wortspeicher.

könnte – rumlaufen • wäre • würde – fahren • müssten – einplanen • würden – weiterfahren • könnten – mitnehmen • wäre • wäre • Könnten – mitnehmen • könnten – fliegen • wären • Könnten – fahren • wäre • könnten – übernachten

Max: Also ich .... total gern nach Dänemark ....! Wir .... dann nämlich Luna .... und sie .... den ganzen Tag am Strand ....!

Frau Sander: Ach, ich weiß nicht. In Dänemark waren wir doch schon so oft. .... wir nicht auch mal nach Italien ....? Wie .... das?

Laura: Au ja! Da ist das Wetter bestimmt auch besser.

Herr Sander: Dann .... wir aber zwei Tage für die Anreise .... Von Hamburg nach Italien ist es echt weit!

Frau Sander: Wir .... auf halber Strecke in München bei meiner Cousine .... Am nächsten Morgen .... wir dann ganz gemütlich ....

Laura: Oder wir .... doch auch mit dem Flugzeug .... !

Herr Sander: Ja, das ist keine schlechte Idee! Wie .... es, wenn wir in Italien ein Auto mieten?

Max: Also ich finde das doof! Was .... denn dann mit Luna? .... wir sie überhaupt ....?

Herr Sander: Wahrscheinlich nicht. Es .... auch sicherlich viel zu heiß für sie.

Max: Ich hab's! Ihr fahrt nach Italien und ich fahre mit Oma, Opa und Luna an die Nordsee! Dann .... doch alle zufrieden, oder?

Ratschläge erteilen

Ratschläge erteilt man im Deutschen meistens mit ***sollte***. Oft verstärkt man den Ratschlag auch mit kleinen Wörtern wie *mal, endlich, endlich mal*. Natürlich gibt es aber auch andere Möglichkeiten (s. u.). In Prüfungen machen Sie aber alles richtig, wenn Sie Ratschläge mit *sollte* formulieren.

Mit dem Konjunktiv II macht man zwar einerseits deutlich, was man selbst in dieser Situation tun würde, andererseits aber überlässt man die Entscheidung seinem Gesprächspartner / seiner Gesprächspartnerin.

B1

3 Das solltest du tun! Erteilen Sie Ratschläge mit *sollte*. Sie können auch kleine Verstärker wie *mal, endlich, endlich mal* ergänzen.

a) Mein Husten wird immer schlimmer!

(du zum Arzt gehen) Du solltest endlich mal zum Arzt gehen!

b) Sie hat starke Kopfschmerzen.

(sie Tablette nehmen) ....

c) Seine Erkältung wird gar nicht besser.

(er sich sofort ins Bett legen) ....

....

d) Wir haben schon wieder zugenommen!

(ihr weniger Schokolade essen) ....

....

Tipp: Ratschläge kann man im Deutschen auf unterschiedliche Weise erteilen, man muss nicht immer den Konjunktiv II von ***sollen*** verwenden. Möglich sind z. B. auch folgende Ausdrücke:

- *An deiner Stelle würde / wäre / hätte ich ...*
- *Wenn ich du wäre, würde / wäre / hätte ich ...*
- *Ich würde ... – Ihr solltet ... – Ihr könntet doch ... – Wie wäre es, wenn ihr ... – An eurer Stelle ...*

B1

4 Ratschläge für die neue Wohnung. Lesen Sie den Text und markieren Sie die richtige Konjunktiv II-Form.

Also ich (1) würde / wäre / sollte den Schrank wirklich in die andere Ecke stellen. Dann habt ihr hier nämlich mehr Platz und (2) hättet / könntet / dürftet das Bett unter das Fenster schieben. Und wie (3) wäre / würde / hätte es, wenn ihr die Kommode in den Flur stellen (4) würdet / müsstet / wolltet? Die passt hier doch gar nicht hin. Übrigens (5) wollte / müsste / würde ich an eurer Stelle die Wände im Schlafzimmer mit einer anderen Farbe anstreichen. Echt! Das sieht ja schrecklich aus! Und in der Küche ist es ziemlich dunkel, oder? Ihr (6) solltet / könntet / wolltet unbedingt eine hellere Lampe aufhängen, glaubt mir, ich weiß, wovon ich rede. Und im Wohnzimmer (7) würdet / hättet / könntet ihr doch noch ein paar Bilder an die Wand hängen. Dann sieht das nicht so leer aus. Ihr (8) solltet / dürftet / wolltet euch übrigens unbedingt noch einen zweiten Sessel besorgen, das Sofa ist ein bisschen klein und wenn Besuch kommt ... Apropos Sofa: An eurer Stelle (9) hätte / würde / wäre ich ein neues kaufen, das hier ist ja total alt und kaputt!
Aber sonst ist eure neue Wohnung echt klasse!

B1

5 Unzufriedenheit im Job. Ergänzen Sie den Dialog mit den richtigen Konjunktiv II-Formen.

Alex: Es geht mir nicht gut. Du glaubst gar nicht, wie unzufrieden ich in meinem Job bin!

Lena: Ach, das klingt aber gar nicht gut. Du klagst schon so lange darüber. An deiner Stelle (a) .... ich mir einen anderen Job suchen.

Alex: Ja, das ist aber nicht so einfach. Ich bin nicht mehr so jung, weißt du?

Lena: Hm, das verstehe ich. Wenn ich du (b) ...., (c) .... ich einfach mal mit dem Chef sprechen. (d) .... das eine Idee?

Alex: Ich weiß nicht, ob er mir helfen kann. Ich schaffe meine Arbeit einfach nicht, es ist zu viel.

Lena: Vielleicht (e) .... du dir mal einen Arbeitsplan machen. Außerdem (f) .... du Kollegen um Unterstützung bitten.

Alex: Mit meiner Kollegin verstehe ich mich überhaupt nicht.

Lena: Oh je, das hört sich aber kompliziert an ... Du (g) .... sie um ein klärendes Gespräch bitten. Aber wenn das keinen Erfolg hat, (h) .... ihr eure Arbeitsbereiche trennen.

Alex: Außerdem habe ich vom vielen Sitzen starke Rückenschmerzen.

Lena: Wenn ich du (i) ...., (j) .... ich mir sofort einen besseren Bürostuhl besorgen! Das (k) .... du gleich mit der Personalabteilung besprechen. Außerdem (l) .... ich an deiner Stelle nach der Arbeit mehr Sport treiben. Bei dir in der Nähe ist doch ein Fitnessstudio?

Alex: Ja, das ist eine gute Idee! Dann bin ich vielleicht auch nicht immer so müde.

Lena: Genau! Und weißt du was? Wenn ich du (m) ...., (n) .... ich jetzt sofort Urlaub beantragen. Außerdem (o) .... du endlich mal deine ganzen Überstunden abbauen. Du wirst sehen: Danach wird es dir schon viel besser gehen!

B1 **6 Wie würden Sie Energie sparen? Erteilen Sie Ratschläge, machen Sie Vorschläge und sagen Sie Ihre Meinung. Nutzen Sie die Ausdrücke und Redemittel von S. 23.**

a) Fenster – zum Lüften – nur kurz – öffnen

Also, ich würde das Fenster zum Lüften nur kurz öffnen.

b) Heizung – nur – in wenigen Räumen – anstellen

....

....

c) Licht – nicht – in allen Räumen – anschalten

....

....

d) Energiesparlampen – nutzen

....

....

e) nicht mehr – jeden Tag – duschen

....

....

f) Geräte im Stand-by – ausschalten

....

....

g) günstigeren Stromanbieter – suchen

....

....

h) Kaminofen einbauen – und – mit Holz heizen

....

....

6 | Irreal vs. real

Mit dem Konjunktiv II kann man alles beschreiben, was nicht real oder wirklich ist, also alles, was **irreal, unwirklich** ist oder **nicht wirklich passiert.**

B1

1a) Suchen Sie ein Gegenteil: Was passt? Verbinden Sie.

kurze Haare →	fröhlich
schüchtern	schnelles Auto
traurig	lange Haare
sportlich	unsportlich
Katze	frech
kleine Wohnung	Hund
langsames Fahrrad	großes Haus

1b) Alles irreal! Schreiben Sie mit den Wortpaaren aus 1a kurze Sätze. Entscheiden Sie: Was ist real, was ist irreal?

a) Sie hat kurze Haare. Sie hätte gerne lange Haare.

b) ....

c) ....

d) ....

e) ....

....

f) ....

....

g) ....

....

7 | Irreale Wunschsätze

Es gibt Wünsche, die nicht in Erfüllung gehen, weil der Wunschinhalt nicht oder nicht so leicht realisierbar ist. Diese Wünsche nennt man deshalb auch **irreale Wünsche.**

- Irreale Wünsche in der **Gegenwart** drücken etwas aus, was nicht passiert oder nicht so ist, wie man es gerne hätte.
- Sie werden mit ***wäre, hätte, würde + Infinitiv*** oder mit dem Konjunktiv II eines ***Modalverbs + Infinitiv*** gebildet.
- Man kann irreale Wunschsätze entweder als **Ausrufesatz** oder **Wenn-Satz** formulieren. Man kann sie durch die Wörter ***doch, doch nur, bloß, nur, doch bloß etc.*** verstärken.

Ausrufesatz: *Hätte ich doch/doch nur/doch bloß kleinere Füße!*
Wenn-Satz: *Wenn ich doch/doch nur/doch bloß ans Ende der Welt auswandern würde/könnte!*

- Irreale Wünsche in der **Vergangenheit** drücken etwas aus, was nicht passiert ist und was man auch nicht mehr ändern oder nachholen kann.
- Sie werden mit ***wäre + Partizip II*** oder ***hätte + Partizip II*** gebildet.
- Irreale Wunschsätze in der Vergangenheit sind entweder **Ausrufesätze** oder **Wenn-Sätze**. Verstärkt werden auch sie durch die Wörter ***doch, doch bloß, doch nur, nur, bloß etc.***

Ausrufesatz: *Wärst du doch/doch nur/bloß früher zu mir gekommen!*
Wenn-Satz: *Wenn wir ihm doch/doch nur/bloß geholfen hätten!*

- Irreale Wünsche der Vergangenheit kann man auch mit **Modalverben** ausdrücken.
- Diese irrealen Wunschsätze sind Aussagesätze und werden mit ***hätte + Infinitiv Vollverb + Infinitiv Modalverb*** gebildet.
- Auf diese Weise kann man im Deutschen auch Kritik äußern oder sein Bedauern darüber zum Ausdruck bringen, dass man etwas versäumt hat zu tun.

Du hättest früher zu mir kommen sollen/müssen.
Wir hätten ihm helfen sollen/müssen.

B1 **1 Total unrealistisch! Formulieren Sie irreale Wünsche als Ausrufesätze in der Gegenwart wie im Beispiel.**

a) auf dem Mond leben

Könnte ich doch auf dem Mond leben!

b) Elefant als Haustier haben

....

c) mit dem Kaiser von China verheiratet sein

....

d) Sahara durchqueren

....

e) zum Mittelpunkt der Erde reisen

....

f) nochmal ein Kind sein

....

g) Zeit zurückdrehen

....

B1 **2 *Wenn ich doch …!* Formulieren Sie irreale Wünsche als Wenn-Sätze mit den Angaben im Wortspeicher.**

Filmstar sein • mehr reisen können • viel größer sein • mehr Geld haben • teure Kleidung tragen • berühmt sein • schnelles Auto haben • großes Haus haben

a) Kein Mensch kennt mich.

Wenn ich doch berühmt wäre!

b) Ich bin viel zu klein.

....

c) Ich bin immer zu Hause.

....

d) Ich habe nicht viel Geld.

....

e) Meine Wohnung ist winzig.

....

f) Ich trage alte Sachen.

....

g) Mein Fahrrad ist uralt.

....

h) Ich bin nur ich.

....

B1

3 Nicht zu ändern! Lesen Sie die Situationen und formulieren Sie irreale Wünsche in der Vergangenheit.

- **Unterstreichen Sie zuerst die Aussage, von der Sie das Gegenteil formulieren müssen.**
- **Schreiben Sie dann die Wünsche als Ausrufesatz + *doch* oder als Wenn-Satz + *doch*.**

Beachten Sie: Der irreale Wunsch der Vergangenheit drückt immer das ***Gegenteil*** von dem aus, was tatsächlich passiert ist.

a) Die Politik hat zu spät auf den Klimawandel reagiert.

Ausrufesatz: Hätte die Politik doch früher auf den Klimawandel reagiert!

b) Er hat sich nicht vor Corona geschützt.

Wenn-Satz: ....

....

d) Sie (Pl.) sind zu spät zum Arzt gegangen.

Ausrufesatz: ....

....

e) Du hast dich nicht bei ihr entschuldigt.

Wenn-Satz: ....

....

f) Wir haben zu wenig für die Prüfung gelernt.

Ausrufesatz: ....

....

g) Er hat keine Jacke mitgenommen.

Wenn-Satz: ....

....

h) Ich habe keinen Regenschirm eingepackt.

Ausrufesatz: ....

....

B1

4 Nichts als Vorwürfe! Lesen Sie den Text und entscheiden Sie, welche Konjunktiv-II-Form richtig ist.

Hallo Emanuel,

danke für deine E-Mail. Ich bin so sauer und verärgert! Wie kann es sein, dass du mir nichts von deiner neuen Projektplanung erzählst! (1) ..... du doch nur einmal zu mir gekommen, dann (2) ..... wir einfach darüber sprechen können. Aber nein! Du rennst sofort zum Chef und planst alles ohne mich. Ich dachte, wir (3) ..... einander vertrauen und (4) ..... ein gutes kollegiales Verhältnis? Du weißt ganz genau, dass ich das umgekehrt nie gemacht (5) ..... , wir sind nämlich ein Team! Das hast du wohl vergessen. Ich (6) ..... dir so gute Tipps geben können und (7) ..... dir wirklich sehr gerne geholfen! Wenn du mich doch nur einmal angerufen (8) ..... ! Du weißt doch, dass ich die Expertin für dieses Thema bin? Was soll nun werden? Ich (9) ..... das wirklich gerne mit dir klären, bitte ruf mich an!

Viele Grüße, Alexandra

1. a) Hättest
   b) Würdest
   c) Wärst

2. a) haben
   b) hätten
   c) hatten

3. a) würden
   b) würdet
   c) würde

4. a) hättest
   b) hätte
   c) hätten

5. a) habe
   b) hatte
   c) hätte

6. a) würde
   b) hätte
   c) wäre

7. a) hätte
   b) würde
   c) hättet

8. a) würdest
   b) hättest
   c) wärest

9. a) würde
   b) wurde
   c) werde

B2

5 Leider zu spät! Formulieren Sie irreale Wunschsätze in der Vergangenheit mit den Modalverben *sollen* und/oder *müssen*.

a) Das – du – nicht tun

Das hättest du nicht tun sollen.

b) Ihr – ihm – helfen

....

c) Sie (Sg.) – wärmer – sich anziehen

....

d) Sie (Pl.) – den Zug – nehmen

....

e) Er – Maske – tragen

....

f) Wir – früher – um Eltern – kümmern

....

g) Ich – besser – aufpassen

....

h) Er – diesen Job – annehmen

....

8 | Irreale Bedingungen

- **Wenn-dann-Sätze**, sogenannte **Konditional-** oder **Bedingungssätze**, kennen Sie bereits, z. B.:

Wenn wir uns treffen, (dann) gehen wir ins Kino.

- Wenn-dann-Sätze kann man auch im Konjunktiv II formulieren.

Die **irreale Bedingung der Gegenwart** drückt ein Ereignis aus, das nicht wirklich passiert, z. B.:

*Wenn wir uns **treffen würden**, (dann) **würden** wir ins Kino **gehen**. (Das geht aber nicht, denn du bist in Hamburg und ich in München.)*

Die **irreale Bedingung der Vergangenheit** benennt ein Ereignis, das real nicht stattgefunden hat, z. B.:

*Wenn wir uns gestern **getroffen hätten**, (dann) **wären** wir ins Kino **gegangen**. (Leider warst du aber gestern krank, sodass wir nicht ins Kino gehen konnten.)*

Wortstellung im Satz:

Nebensatz **vor** Hauptsatz

	Nebensatz	Hauptsatz
Gegenwart	*Wenn wir uns **treffen würden**,*	*(dann) **würden wir** ins Kino **gehen**.*
Vergangenheit	*Wenn wir uns gestern **getroffen hätten**,*	*(dann) **wären wir** ins Kino **gegangen**.*

Hauptsatz **vor** Nebensatz

	Hauptsatz	Nebensatz
Gegenwart	*Wir **würden** ins Kino **gehen**,*	*wenn wir uns **treffen würden**.*
Vergangenheit	*Wir **wären** ins Kino **gegangen**,*	*wenn wir uns gestern **getroffen hätten**.*

B1

1a) Was passt zusammen? Verbinden Sie die Satzhälften und ordnen Sie die richtigen Buchstaben zu.

a) Wenn ich meinen Fuß nicht gebrochen hätte,

b) Wenn mein Vater nicht Corona hätte,

c) Wenn ich nochmal 25 wäre,

d) Wenn er sich entschuldigt hätte,

e) Wenn sie Schlagzeug spielen könnte,

f) Wenn die Waschmaschine nicht kaputt wäre,

A) würde ich in meinem Leben vieles anders machen.

B) würde sie in einer Band spielen.

C) würde ich ihn jetzt besuchen.

D) müssten wir nicht in den Waschsalon gehen.

E) wäre ich nicht mehr wütend auf ihn.

F) könnte ich zum Rudertraining gehen.

a) .... b) .... c) .... d) .... e) .... f) ....

1b) Notieren Sie die Sätze aus 1a in der Gegenwart nach folgendem Schema: Hauptsatz *vor* Nebensatz. Beachten Sie die Wortstellung in den Sätzen!

a) ....

....

b) ....

....

c) ....

....

d) ....

....

e) ....

....

f) ....

....

B1 **2** ***Was wäre gewesen, wenn …?* Ergänzen Sie die Sätze in der Vergangenheit.**

a) ich – nicht – nass – werden

Wenn ich einen Schirm mitgenommen hätte, ……………………………………………

……………………………………………………………………………………

b) wir – uns – besser – vorbereiten

Die Besprechung wäre besser gelaufen, wenn ……………………………………………

……………………………………………………………………………………

c) du – zu – mir – kommen

Wir hätten das Problem besprechen können, wenn ……………………………………………

……………………………………………………………………………………

d) sie – sich – nicht – erkältet – haben

Wenn sie sich wärmer angezogen hätte, ……………………………………………

……………………………………………………………………………………

e) wir – nicht – im – Stau – stehen

Wenn wir mit dem Zug gefahren wären, ……………………………………………

……………………………………………………………………………………

f) er – rechtzeitig – losfahren

Er hätte den Flug nicht verpasst, wenn ……………………………………………

……………………………………………………………………………………

B1 **3a) Arme Anne! Lesen Sie den Text und ergänzen Sie irreale Konditionalsätze in der Gegenwart mit *könnte* oder *würde*.**

Ihr glaubt nicht, was mir vor einer Woche passiert ist: Ich war mit dem Auto auf dem Weg zur Arbeit. Plötzlich fiel mir ein, dass ich wichtige Unterlagen vergessen hatte. Also fuhr ich noch einmal zurück nach Hause. Weil ich es eilig hatte, lief ich schnell die Treppe zu meiner Wohnung hinauf. Auf halbem Weg blieb ich mit dem linken Fuß an einer Steinstufe hängen. Leider hatte ich nur offene Sandalen an, sodass mein großer

Zeh ungeschützt gegen die Stufe stieß! Zu allem Übel stürzte ich auch noch und schlug mir das Knie auf. Trotzdem humpelte ich in meine Wohnung, um die Unterlagen zu holen. Obwohl ich starke Schmerzen im Fuß hatte, fuhr ich ins Büro. Der Zeh wurde immer dicker und auch richtig blau. Am Nachmittag fuhr ich dann ins Krankenhaus und ließ den Zeh untersuchen. Er ist gebrochen und nun muss ich für 6 Wochen eine Schiene tragen und darf keinen Sport treiben! So etwas Blödes! Hätte ich doch nur besser aufgepasst!

Was könnte Anne *jetzt* machen?
Wenn Anne sich den Zeh *nicht* gebrochen hätte, (dann) ...

a) Rudertraining / gehen

....

b) Fahrrad / Büro / fahren

....

c) Bergwanderung / machen

....

d) stundenlang / Stadt / laufen

....

....

e) allein / Auto / fahren

....

f) Garten / arbeiten

....

g) Salsa / tanzen

....

h) Hund / spazieren gehen

....

....

3b) Welcher Satz ist korrekt? Kreuzen Sie an.

Beachten Sie: Bedingung und Konsequenz sind **irreal**. In beiden Sätzen muss also das **Gegenteil** von dem stehen, was tatsächlich passiert ist.

a) Anne hat wichtige Unterlagen vergessen. Sie ist wieder nach Hause gefahren.

○ Wenn Anne wichtige Unterlagen nicht vergessen hätte, wäre sie nicht wieder nach Hause gefahren.

○ Wenn Anne wichtige Unterlagen vergessen hätte, wäre sie nicht wieder nach Hause gefahren.

b) Sie hatte es eilig. Sie ist schnell die Treppe hochgelaufen.

○ Wenn Anne es nicht eilig gehabt hätte, wäre sie schnell die Treppe hochgelaufen.

○ Wenn Anne es nicht eilig gehabt hätte, wäre sie nicht schnell die Treppe hochgelaufen.

c) Anne hat nicht aufgepasst. Sie ist gestürzt.

○ Wenn Anne nicht aufgepasst hätte, wäre sie nicht gestürzt.

○ Wenn Anne aufgepasst hätte, wäre sie nicht gestürzt.

d) Sie hat keine festen Schuhe getragen. Der Zeh ist ungeschützt gegen die Stufe gestoßen.

○ Wenn Anne feste Schuhe getragen hätte, wäre der Zeh nicht ungeschützt gegen die Stufe gestoßen.

○ Wenn Anne keine festen Schuhe getragen hätte, wäre der Zeh nicht ungeschützt gegen die Stufe gestoßen.

e) Der Zeh ist gebrochen. Anne darf keinen Sport treiben.

○ Wenn der Zeh nicht gebrochen wäre, dürfte Anne keinen Sport treiben.

○ Wenn der Zeh nicht gebrochen wäre, dürfte Anne Sport treiben.

f) Das ist passiert. Anne muss für 6 Wochen eine Schiene tragen

○ Wenn das nicht passiert wäre, müsste Anne nicht für 6 Wochen eine Schiene tragen.

○ Wenn das passiert wäre, müsste Anne nicht für 6 Wochen eine Schiene tragen.

3c) Bilden Sie mit den korrekten Sätzen aus 3b irreale Bedingungen in der Vergangenheit nach dem Schema *Hauptsatz vor Nebensatz*.

a) ....

....

....

b) ....

....

....

c) ....

....

....

d) ....

....

....

e) ....

....

....

f) ....

....

....

9 | Irreale Vergleiche

- Das wissen Sie bereits: Wenn man zwei Dinge oder Personen etc. miteinander vergleicht, macht man das im Deutschen z.B. mit dem Wort ***als*** und dem ***Komparativ eines Adjektivs:***

Ich bin größer als meine Schwester.
In Italien ist das Wetter besser als in Deutschland.
Diese Jacke ist schöner als die andere.

Diese Vergleiche sind real, d.h. das, was verglichen wird, existiert.

- Es gibt aber auch **irreale Vergleiche.** Das, was verglichen wird, existiert in diesem Fall nicht oder ist eben nicht real. Irreale Vergleichssätze können als Haupt- oder Nebensätze formuliert werden:

Gegenwart:

Sie tut so,
- **als würde** die Welt **untergehen.** (Hauptsatz)
- **als ob** die Welt **untergehen würde.** (Nebensatz)

Vergangenheit:

Sie tut/tat so,
- **als wäre** die Welt **untergegangen.** (Hauptsatz)
- **als ob** die Welt **untergegangen wäre.** (Nebensatz)

- Der einleitende Hauptsatz steht **immer** im Indikativ: ***Sie tut so, Er benimmt sich, Du siehst aus ...*** In der Vergangenheit kann das Verb ebenfalls in der Vergangenheitsform stehen: ***Sie tat so, Er benahm sich, Du sahst aus ...***
- Ist der Vergleichssatz ein Hauptsatz, wird er mit ***als*** eingeleitet.
- Ist der Vergleichssatz ein Nebensatz, wird er mit ***als ob*** eingeleitet.
- Im Vergleichssatz steht das konjugierte Verb im Konjunktiv II.

B1 **1 *Als* oder *als ob*? Kreuzen Sie an.**

a) Sabine tut so, als ◌ als ob ◌ sie gar kein Geld hätte.

b) Klaus benimmt sich, als ◌ als ob ◌ wäre er der Kaiser von China.

c) Anne sieht aus, als ◌ als ob ◌ sie zwei Nächte nicht geschlafen hätte.

d) Unser Hund bellt so sehr, als ◌ als ob ◌ würde ein Einbrecher vor der Tür stehen.

B1 **2 Ein Streitgespräch. Ergänzen Sie den Dialog mit den richtigen Konjunktiv II-Formen der Verben aus dem Wortspeicher.**

wünschen • machen • haben • wissen • sein •
zusammenbrechen • haben • sein • sein • haben

Lara: Was hast du eigentlich für ein Problem?! Du tust wirklich so, als ....
die Welt ....!

Nick: Du bist echt gut! Du hast meinen besten Freund geküsst! Ja, für mich bricht eine Welt zusammen!

Lara: Ach jetzt komm! Als ob du das noch nie ....!

Nick: Was!? Meinen Freund geküsst?

Lara: Sehr witzig ... Was war denn vor zwei Jahren mit Katrin?

Nick: Was soll da gewesen sein?

Lara: Jetzt tu doch nicht so, als .... du von nichts! Du benimmst dich wirklich, als .... du der erste Mensch!

Nick: Und du führst dich auf, als ob du auf einmal Miss Supercool ....!
Als ob du gar keine Gefühle ....!

Lara: Ich fasse es nicht ... Vor zwei Jahren waren dir meine Gefühle jedenfalls egal!

Nick: Das stimmt nicht. Ich ...., ich .... das nicht getan.

Lara: Aha! Du erinnerst dich also, dass du meine beste Freundin geküsst hast! Weißt du was? Wir tun jetzt mal so, als .... das alles nicht passiert und fangen einfach nochmal von vorne an!

B1

3a) Schreiben Sie Vergleichssätze mit *als* in der Gegenwart und in der Vergangenheit.

a) Barbara / so tun / sich gut auskennen / mit Computern (Gegenwart)

....

....

b) Felix / aussehen / nächtelang / Partys feiern (Vergangenheit)

....

....

c) Lisa / sich benehmen / kleines Kind / sein (Gegenwart)

....

....

d) Stefan / so tun / mich / nicht / hören (Vergangenheit)

....

....

3b) Schreiben Sie die Vergleichssätze mit *als ob* in der Gegenwart und in der Vergangenheit.

a) Nadja / so tun / ihn / nicht / kennen (Gegenwart)

....

....

b) Roman / sich benehmen / Weisheit / mit Löffeln / fressen (Vergangenheit)

....

....

c) Haus / aussehen / gleich / zusammenkrachen (Gegenwart)

....

....

d) Markus / sich benehmen / verrückt / werden (Vergangenheit)

....

....

B1

4 *Irrealer Wunsch, Bedingung oder Vergleich*? Kreuzen Sie an.

	Wunsch	Bedingung	Vergleich
a) Das hättest du mir früher sagen müssen!	◯	◯	◯
b) Als ob dir das noch nie passiert wäre!	◯	◯	◯
c) Wenn ich aufgepasst hätte, wäre ich nicht gestürzt.	◯	◯	◯
d) Er hätte dich besucht, wenn du Zeit gehabt hättest.	◯	◯	◯
e) Wenn ich doch jetzt in Frankreich wäre!	◯	◯	◯
f) Ihr benehmt euch, als wärt ihr im Kindergarten.	◯	◯	◯
g) Wir würden den Zug noch kriegen, wenn wir jetzt losfahren würden.	◯	◯	◯
h) Sie tat so, als hätte sie von nichts gewusst.	◯	◯	◯
i) Ich wäre gerne so intelligent wie Albert Einstein.	◯	◯	◯
j) Wenn du mich angerufen hättest, hätte ich dir helfen können.	◯	◯	◯
k) Wäre es doch nicht so heiß!	◯	◯	◯
l) Er tut so, als würde er sich auskennen.	◯	◯	◯

Der Konjunktiv I: Die indirekte Rede

- Den **Konjunktiv I** verwendet man in der **indirekten Rede.** Mit ihr macht man deutlich, was ein anderer gesagt hat. Im Privatbereich oder auch in der Umgangssprache begegnet einem der Konjunktiv I in der indirekten Rede selten. Sehr häufig dagegen liest man den Konjunktiv I in journalistischen Texten oder hört ihn in den Nachrichten. Er wird aber auch in wissenschaftlichen Texten benutzt oder z. B. in offiziellen Situationen, wenn es darum geht, Informationen neutral und objektiv weiterzugeben. Die indirekte Rede mit dem Konjunktiv I ist also ein Mittel, sich von Meinungen oder Handlungen anderer zu distanzieren. Es wird ein Abstand zur direkten Rede kenntlich gemacht, die Information objektiviert und meist auch so verkürzt, dass nur das sachlich Wichtige wiedergegeben wird.

Direkte Rede (Indikativ)	*Der Präsident sagt: „Ich bin der beste Politiker aller Zeiten!"*
Indirekte Rede (Konjunktiv I)	*Der Präsident sagte, er sei der beste Politiker aller Zeiten.*
Oder:	
Indirekte Rede + dass-Satz (Konjunktiv I)	*Der Präsident sagte, dass er der beste Politiker aller Zeiten sei.*

Der Konjunktiv I in der Gegenwart

- Der Konjunktiv I wird vom Infinitivstamm abgeleitet.
- Die Endungen lauten **-e/-est/-e** (Singular) und **-en/-et/-en** (Plural).
- Nur wenige Formen des Konjunktiv I werden noch gebraucht. Die einzige Form, die auch umgangssprachlich im Konjunktiv I verwendet wird, ist die **3. Person Singular** von **allen regelmäßigen** und **vielen unregelmäßigen Verben**, den **Modalverben** und vom Verb ***haben***.
- Von den Modalverben wird außerdem die **1. Person Singular** im Konjunktiv I genutzt.
- Alle anderen Personalformen werden i. d. R. durch die **Ersatzform im Konjunktiv II** oder durch ***würde + Infinitiv*** ersetzt, weil sie identisch mit dem Indikativ Präsens sind.
- Die Konjunktiv I-Formen in der **2. Person Singular und Plural** gelten als veraltet und werden deswegen nicht mehr oder sehr selten genutzt.
- Das Verb ***sein*** bildet die Ausnahme: Es ist das **einzige** Verb, das im Konjunktiv I **in allen Konjugationsformen** genutzt wird.

Daraus ergeben sich für die indirekte Rede folgende gebräuchliche Konjunktiv-Formen:

	sein	haben	Regelmäßige Verben	Unregelmäßige Verben	Modalverben
ich	*sei*	*hätte*	*würde sagen*	*würde kommen*	*könne*
du	*sei(e)st*	*hättest*	*würdest sagen*	*würdest kommen*	*könntest*
er/es/sie	*sei*	*habe*	*sage*	*komme*	*könne*
wir	*seien*	*hätten*	*würden sagen*	*würden kommen*	*könnten*
ihr	*sei(e)t*	*hättet*	*würdet sagen*	*würdet kommen*	*könntet*
Sie/sie	*seien*	*hätten*	*würden sagen*	*würden kommen*	*könnten*

Der Konjunktiv I in der Vergangenheit

- Genau wie im Konjunktiv II gibt es auch im Konjunktiv I nur *eine* Vergangenheitsform.
- Sie wird vom Konjunktiv I der Verben ***haben*** und ***sein*** und dem **Partizip II** gebildet.
- Auch hier werden meist **Ersatzformen im Konjunktiv II** verwendet.

	Verb + Hilfsverb *sein* (laufen)	(für alle Personen)	Verb + Hilfsverb *haben* (lachen)	(für alle Personen)	Verb + Hilfsverb *haben* + Modalverb	(für alle Personen)
ich	*sei*		*hätte*		*hätte*	
du	*sei(e)st*		*hättest*		*hättest*	
er/es/sie	*sei*	*gelaufen*	*habe*	*gelacht*	*habe*	*lachen können*
wir	*seien*		*hätten*		*hätten*	
ihr	*sei(e)t*		*hättet*		*hättet*	
Sie/sie	*seien*		*hätten*		*hätten*	

Satzbau und Wortstellung im Satz

Hauptsatz + Hauptsatz

Gegenwart: *Der Präsident sagte, er sei der beste Politiker aller Zeiten.*
Matthias behauptete, er wisse das nicht.
Anne meinte, sie könne Dummheit nicht ausstehen.

Vergangenheit: *Der Präsident sagte, er sei der beste Politiker aller Zeiten gewesen.*
Matthias behauptete, er habe das nicht gewusst.
Anne meinte, sie habe Dummheit nicht ausstehen können.

Hauptsatz + Nebensatz (dass-Satz)

Gegenwart: *Der Präsident sagte, **dass** er der beste Politiker aller Zeiten **sei**.*
*Matthias behauptete, **dass** er das nicht **wisse**.*
*Anne meinte, **dass** sie Dummheit nicht ausstehen **könne**.*

Vergangenheit: *Der Präsident sagte, **dass** er der beste Politiker aller Zeiten **gewesen sei**.*
*Matthias behauptete, **dass** er das nicht **gewusst habe**.*
*Anne meinte, **dass** sie Dummheit nicht **habe ausstehen können**.*

1 | Formenbildung

B2

1 Wie lauten die Regeln zur Formenbildung des Konjunktiv I in der Gegenwart? Ergänzen Sie.

a) Der Konjunktiv I wird vom ....-stamm abgeleitet.

b) Die Endungen lauten .... (Singular) und .... (Plural).

c) Die einzige Form, die auch umgangssprachlich im Konjunktiv I verwendet wird, ist die ..... Person Singular von allen .... und vielen .... Verben, den .... und vom Verb ....

d) Von den Modalverben wird außerdem die ..... Person Singular im Konjunktiv I genutzt.

e) Alle anderen Personalformen werden i. d. R. durch die Ersatzform im .... oder durch .... + ... ersetzt, weil sie .... mit dem Indikativ Präsens sind.

f) Die Konjunktiv I-Formen in der ...... Person .... und .... gelten als veraltet und werden deswegen nicht mehr oder sehr selten genutzt.

g) Das Verb .... bildet die Ausnahme: Es ist das einzige Verb, das in .... Konjugationsformen genutzt wird.

B2

2a) Bilden Sie den Konjunktiv I in der Gegenwart.

a) ich bin ....

b) er hat ....

c) wir sind ....

d) sie soll ....

e) es kann ....

f) Sie sind ....

2b) Wie lauten die Ersatzformen im Konjunktiv II in der Gegenwart? Kreuzen Sie an.

a) ○ du würdest ○ du würdest werden ○ du wirst

b) ○ ihr konntet ○ ihr würdet können ○ ihr könntet

c) ○ du würdest haben ○ du hättest ○ du hattest

d) ○ sie könnten sollen ○ sie hätten sollen ○ sie sollten

e) ○ wir müssten ○ wir würden müssen ○ wir mussten

f) ○ sie wollten ○ sie hätten gewollt ○ sie würden wollen

B2

3 Wie lauten die Regeln zur Formenbildung des Konjunktiv I in der Vergangenheit? Ergänzen Sie.

a) Genau wie im .... gibt es auch im Konjunktiv I nur .... Vergangenheitsform.

b) Sie wird vom Konjunktiv I der Verben .... und .. .. und dem .... gebildet.

c) Auch hier werden für das Hilfsverb .... im .... verwendet.

B2 **4 Bilden Sie den Konjunktiv I in der Vergangenheit bzw. Ersatzformen im Konjunktiv II und entscheiden Sie: *haben* oder *sein*?**

a) ich – rennen ....

b) du – essen ....

c) er – arbeiten ....

d) sie (Sg.) – schwimmen ....

e) wir – kommen können ....

f) ihr – kaufen sollen ....

g) sie (Pl.) – informieren ....

2 | Die indirekte Rede

B2 **1 Corona. Ergänzen Sie den Text mit den korrekten Konjunktiv I-Formen in der Gegenwart oder mit den Ersatzformen im Konjunktiv II.**

Die Gesundheitsexpertin erklärte, Menschen, die sich mit Corona infiziert (a) .... (haben), (b) .... (müssen) in Quarantäne. Die Isolationsdauer (c) .... (betragen) fünf Tage. Wenn ein Patient am Ende der Isolationszeit für 48 Stunden keine Symptome mehr (d) .... (zeigen), (e) .... (dürfen) er die Quarantäne beenden. Er (f) .... (brauchen) sich nicht freizutesten.

Politiker (g) .... (diskutieren), ob die häusliche Isolation überhaupt sinnvoll (h) .... (sein). Hintergrund (i) .... (sein), dass ein großer Teil der Bevölkerung nur milde oder keine Symptome (j) .... (zeigen). In diesem Fall (k) .... (können) man zur Arbeit gehen, sodass es in wichtigen Berufen nicht zu Personalmangel (l) .... (kommen). Mediziner aber (m) .... das sehr kritisch .... (sehen). Sie (n) ....

weiterhin an der häuslichen Quarantäne .... (festhalten) und (o) .... zu Impfungen .... (raten). Außerdem (p) .... (sollen) man Hygiene- und Abstandsregeln beachten. Auch das Tragen von Mund-Nasen-Masken (q) .... (können) wieder zur Pflicht werden, denn der Herbst (r) .... (stehen) vor der Tür und die nächste Welle (s) .... (kommen).

B2

2 Warum ist alles teurer geworden!? Wie lauten die richtigen Konjunktiv I-Formen in der Vergangenheit? Entscheiden Sie.

Der Wirtschaftsminister erklärte gestern in einem Interview, Corona a) ..... weltweit Spuren hinterlassen. In der Folge b) ..... es zu Personalmangel und zusammengebrochenen Lieferketten gekommen. Die Preise für Rohstoffe c) ..... extrem gestiegen. Auch die Transportkosten d) ..... in die Höhe geschnellt. Ebenso e) ..... Strom und Gas viel teurer geworden. Das alles f) ..... sich auf die Preisgestaltung der Endprodukte auswirken g) ...... Dazu h) ..... der Krieg in der Ukraine i) ...... Diese Entwicklung j) ..... man nicht vorhersehen k) ......

a) 1. habe
2. haben
3. hätte

b) 1. sei
2. ist
3. würde

c) 1. sind
2. seien
3. sei

d) 1. seien
2. habe
3. hätten

e) 1. seien
2. wären
3. sind

f) 1. hätte
2. würde
3. habe

g) 1. dürfen
2. sollen
3. müssen

h) 1. ist
2. sei
3. wäre

i) 1. gekommen
2. kam
3. kommen

j) 1. hätte
2. habe
3. hatte

k) 1. können
2. müssen
3. dürfen

Personen-, Zeit- und Ortsangaben

Manchmal stehen in der direkten Rede auch **Personen-, Zeit- oder Ortsangaben.** Diese Angaben können Sie auch für die indirekte Rede beachten, wenn sie für die Gesprächspartner inhaltlich relevant sind. Diese Angaben richten sich nach der Perspektive des Sprechenden.

- *Die Zeugin bestätigte, dass sie den Angeklagten kenne.* **(Personenangabe)**
- *Der Kommissar sagte, der Einbruch habe zwischen 8 und 9 Uhr stattgefunden.* **(Zeitangabe)**
- *Sie erzählte, sie hätten sich vor dem Seiteneingang des Kaufhauses getroffen.* **(Ortsangabe)**

B2 **3a) Der Einbruch. Lesen Sie den Text und unterstreichen Sie die Formen der indirekten Rede.**

Der Angeklagte gab an, dass er zum Zeitpunkt der Tat, nicht in der Stadt gewesen sei, sondern in seinem Ferienhaus auf der Insel Sylt. Seine Haushälterin berichtete, sie habe Herrn X noch am Tag des Einbruchs morgens das Frühstück zubereitet und habe ihn gefragt, ob er besondere Wünsche für das Abendessen habe. Herr X habe erwidert, dass er gleich nach dem Frühstück in die Stadt fahren werde, weil er seinen Freund Herrn Y treffen wolle. Er werde nach dem Treffen abends weiter nach Sylt in sein Ferienhaus fahren. Herr Y bestätigte, dass er sich mit Herrn X getroffen habe. Allerdings wisse die Polizei sicher, dass Herr X am Montagabend nicht nach Sylt weitergefahren sei: Eine aufmerksame Nachbarin, die anonym bleiben wolle, habe beim abendlichen Hundespaziergang gesehen, wie Herr X um 19:57 Uhr das Auto vor seinem Haus geparkt und nicht den Hauseingang benutzt habe, sondern im Schutz der Dunkelheit in den Garten hinter das Haus geschlichen sei. Ein zweiter wichtiger Zeuge, der Hausmeister des Sylter Ferienhauses, bestätigte, dass Herr X nicht um 20 Uhr, sondern erst um 23:30 Uhr in seinem Feriendomizil eingetroffen sei. Damit sei für die Polizei erwiesen, dass Herr X selbst den Einbruch begangen habe.

3b) Beantworten Sie die Fragen in der direkten Rede mithilfe des Textes.

a) **Kommissar:** „Wo waren Sie gestern Abend um 20 Uhr?"

Herr X: „Gestern Abend war ich nicht in der Stadt, sondern in meinem Ferienhaus auf Sylt."

b) **Kommissar:** „Warum sind Sie nach dem Frühstück in die Stadt gefahren?"

Herr X: ....

....

c) **Kommissar:** „Wohin sind Sie nach dem Treffen mit Herrn Y gefahren?"

Herr X: ....

....

....

d) **Kommissar:** „Was haben Sie gesehen?"

Nachbarin: ....

....

....

e) **Kommissar:** „Wann ist Herr X in seinem Ferienhaus angekommen?"

Hausmeister: ....

....

3 | Perspektivwechsel in der indirekten Rede

In der indirekten Rede muss man häufig einen **Perspektivwechsel** vornehmen. Diesen Wechsel erreicht man durch die Veränderung des Pronomens:

*Alex sagt: „**Meine** Tante schenkt **mir** einen Laptop."*
(Direkte Rede, Alex spricht über sich.)

*Susanne erzählt ihrer Freundin: „Alex sagte, **seine** Tante schenke **ihm** einen Laptop."* (Indirekte Rede, Susanne spricht über Alex.)

Machen Sie sich also immer klar:

- Wer spricht über wen in der direkten Rede?
- Und wie drückt man das in der indirekten Rede aus?

B2 **1 Wechseln Sie die Perspektive wie im Beispiel und bilden Sie den Konjunktiv I oder die Ersatzform in Gegenwart oder Vergangenheit.**

Tipp: (w) = weiblich, (m) = männlich

Personalpronomen

a) Ich habe Hunger — 3. Pers. Sg. (w): *Sie habe Hunger.*

b) Du bist gekommen. — 1. Pers. Sg.: ……………………

c) Wir schlafen. — 2. Pers. Pl.: ……………………

d) Ihr habt gelesen. — 1. Pers. Pl.: ……………………

Possessivpronomen

a) Das ist mein Haus. — 3. Pers. Sg. (w): *Das sei ihr Haus.*

b) Du triffst deine Kollegen. — 3. Pers. Sg. (m): ……………………

……………………

c) Sie besuchen ihre Eltern. — 1. Pers. Pl.: ……………………

……………………

d) Das ist unser Hund. — 2. Pers. Pl.: ……………………

Reflexivpronomen

a) Ich freue mich. — 3. Pers. Sg. (w): *Sie würde sich freuen.*

b) Du hast dich geärgert. — 1. Pers. Sg.: ……………………

……………………

c) Du informierst dich. — 3. Pers. Sg. (m): ……………………

……………………

d) Wir haben uns bedankt. — 2. Pers. Pl.: ……………………

……………………

e) Ihr kennt euch. — 1. Pers. Pl.: ……………………

f) Sie hat sich angesteckt. — 2. Pers. Sg.: ……………………

……………………

B2

2 Auf die Perspektive kommt es an! Geben Sie die Informationen in der indirekten Rede wieder. Achten Sie besonders auf den Perspektivwechsel.

a) Ahmad sagt: „Ich habe viel Geld und kaufe mir eine Wohnung."

(Er) Ahmad sagt, er habe ....

....

b) Susanne meint: „Ich muss unbedingt mehr Sport machen."

(Sie) ....

....

c) Mohammed behauptet: „Ich habe ihn gestern angerufen, aber er war nicht zu Hause."

(Du) ....

....

d) Martin erzählt: „Meine Oma schenkt mir zum Geburtstag ein Fahrrad."

(Er) ....

....

e) Carla informiert: „Wir besuchen am Wochenende unsere Eltern."

(Sie, Pl.) ....

....

f) Parwaiz erklärt: „Yasmin und Aishe haben sich gut über die Handyverträge informiert."

(Ihr) ....

....

g) Michael klagt: „Sie hat sich überhaupt nicht bei mir für das Geschenk bedankt!"

(Du) ....

....

B2 **3 Nebensätze. Notieren Sie die indirekte Rede aus Aufgabe 2 als dass-Sätze.**

a) ....

....

b) ....

....

c) ....

....

....

d) ....

....

e) ....

....

f) ....

....

g) ....

....

4 | Modalverben in der indirekten Rede

B2 **1 Formulieren Sie die farbigen Sätze / Satzteile in der indirekten Rede.**

Dialog A

Anne sagt: „Ich kann dich nicht sehen. Hast du die Kamera eingeschaltet?"

Katrin fragt Sebastian: „Was ist los?"

Sebastian erklärt Katrin: „Anne sagte, sie ....

...."

Dialog B

Klaus sagt: „Ich will die Stelle noch einmal mit euch proben."

Ruth behauptet: „Ich habe kein Wort verstanden."

Beate erläutert: „ ....

...."

Dialog C

Samira sagt: „Das sollst du doch nicht sagen! Jetzt hast du die ganze Überraschung kaputt gemacht!"

Faiz sagt: „Ich verstehe dich nicht."

Yasmin erklärt: „ ....

...."

Dialog D

Der Chef fordert: „Sie müssen den Konflikt unbedingt lösen!"

Daniel fragt Sabrina: „Was müssen wir machen?"

Sabrina antwortet: „ ....

...."

B2 **2 Beenden Sie die Sätze in der indirekten Rede der Vergangenheit mit Modalverben. Bilden Sie dass-Sätze.**

Tipp: Im Nebensatz mit Modalverb in der Vergangenheit steht das konjugierte Verb **nicht** am Ende, sondern **vor** den zwei Infinitiven.

a) Sängerin – nicht – verstehen – können

Katrin sagte, dass sie die Sängerin nicht habe verstehen können.

b) sich – nicht – ärgern – sollen

Meine Eltern meinten, ...

....

c) von Konzert – nicht – viel – erwarten – dürfen

Ihr erzähltet, ...

....

d) viel Geld – für Karten – ausgeben – müssen

Sie berichteten, ...

....

e) das Geld – sparen – können

Du behauptetest, ...

....

f) ich – lieber CD – anhören – sollen

Jens war der Meinung, ...

....

3 Zusammenfassung. Lesen Sie die folgenden Aussagen und entscheiden Sie: richtig oder falsch?

	Richtig	Falsch
a) Den Konjunktiv I verwendet man in der direkten Rede.	◯	◯
b) Mit der indirekten Rede macht man deutlich, was ein anderer gesagt hat.	◯	◯
c) Im Privatbereich oder auch in der Umgangssprache wird der Konjunktiv I in der indirekten Rede häufig gebraucht.	◯	◯
d) Sehr häufig liest man den Konjunktiv I in journalistischen Texten oder hört ihn in den Nachrichten..	◯	◯
e) Ziel der indirekten Rede ist es, Informationen persönlich und subjektiv weiterzugeben.	◯	◯
f) Die indirekte Rede mit dem Konjunktiv I ist ein Mittel, sich von Meinungen oder Handlungen anderer zu distanzieren.	◯	◯

Lösungen

Der Konjunktiv II

1 | Formenbildung

1 a) Man hat **zwei** Möglichkeiten den Konjunktiv II zu bilden.
b) Man kann den Konjunktiv II vom **Präteritum**stamm ableiten oder mit **würde** plus Infinitiv bilden.
c) Die Konjunktiv-Endungen lauten **-e/-est/-e** im Singular und **-en/-et/-en** im Plural.
d) Die Vokale **a, o** und **u** bilden bei unregelmäßigen Verben und den meisten Modalverben im Konjunktiv II einen Umlaut: *käme, könnte, dürfte.*
e) Nur die Modalverben **sollen** und **wollen** haben im Konjunktiv II keinen Umlaut: *sollte, wollte*. Diese Formen sind **identisch** mit dem **Präteritum**. Das ist bei allen **regelmäßigen** Verben ebenso.

2

	Präteritum	**Konjunktiv II**
ich habe	ich hatte	ich hätte
du bist	du warst	du wärest
er/es/sie wird	er/es/sie wurde	er/es/sie würde
wir können	wir konnten	wir könnten
ihr dürft	ihr durftet	ihr dürftet
Sie/sie müssen	Sie/sie mussten	Sie/sie müssten
ich will	ich wollte	ich wollte
du sollst	du solltest	du solltest

3a) schreiben, transportieren, gehen (auch: ginge)

3b) kommen, bleiben, wissen, sein, haben, lassen

4

Indikativ	**Konjunktiv II der Gegenwart (würde + Infinitiv)**	**Konjunktiv II der Vergangenheit (hätte/wäre + Partizip II)**
ich schwimme	ich würde schwimmen	ich wäre geschwommen
du liest	du würdest lesen	du hättest gelesen
er lacht	er würde lachen	er hätte gelacht
sie rennt	sie würde rennen	sie wäre gerannt
es (das Baby) schreit	es würde schreien	es hätte geschrien
wir telefonieren	wir würden telefonieren	wir hätten telefoniert
ihr kocht	ihr würdet kochen	ihr hättet gekocht
sie fliegen	sie würden fliegen	sie wären geflogen

5a) a) ich sollte essen b) du müsstest mitkommen c) er könnte vorlesen d) es (das Baby) müsste schlafen e) sie wollte bestellen f) wir dürften fernsehen g) ihr könntet aufstehen h) sie sollten abfahren i) du wolltest anrufen j) ihr müsstet informieren

5b) a) ich hätte essen sollen b) du hättest mitkommen müssen c) er hätte vorlesen können d) es (das Baby) hätte schlafen müssen e) sie hätte bestellen wollen f) wir hätten fernsehen dürfen g) ihr hättet aufstehen können h) sie hätten abfahren sollen i) du hättest anrufen wollen j) ihr hättet informieren müssen

6a) a) es ginge b) es käme darauf an c) ich wüsste d) er bliebe e) ich bräuchte f) ich gäbe g) sie ließe

6b) a) Ginge das? b) Es käme darauf an c) das ließe sich machen d) Das wüsste ich auch gerne! e) wenn er bis zum Ende bliebe f) Sie bräuchte nochmal den Hammer. g) Was gäbe ich drum!

2 | Wortstellung im Satz

1 a) Ich könnte heute Abend etwas kochen. b) Carol würde gerne ihre Familie in Kalifornien besuchen. c) Wir hätten gerne frei. d) Wir wären lieber in den Bergen als im Büro.

2 a) Könntest/Würdest du bitte die Tür aufschließen? b) Hätten Sie ein Taschentuch für mich? c) Könntest/Würdest du ihr bitte helfen? d) Könntet/Würdet ihr mich abholen? e) Könnten wir jetzt bitte losfahren?

3 a) Hättest du doch geschwiegen! b) Wäre er doch jetzt bei mir! c) Könnte ich dir doch helfen! d) Wären wir doch nicht zu spät gekommen! e) Hätte sie für die Prüfung doch mehr gelernt!

4a) a) Ich würde eine Tablette nehmen, wenn ich Kopfschmerzen hätte. b) Sie würde viel Tee trinken, wenn sie erkältet wäre. c) Wir würden regelmäßig lernen, wenn wir eine Prüfung hätten. d) Es wäre gut, wenn du etwas früher kommen würdest/kämest.

4b) a) Wenn ich Kopfschmerzen hätte, (dann) würde ich eine Tablette nehmen. b) Wenn sie erkältet wäre, (dann) würde sie viel Tee trinken. c) Wenn wir eine Prüfung hätten, (dann) würden wir regelmäßig lernen. d) Wenn du etwas früher kommen würdest/kämest, (dann) wäre es gut.

3 | Höfliche Fragen und Bitten

1 a) Würdest/Könntest du mir bitte helfen? b) Würdest/Könntest du mir bitte ein Taschentuch geben? c) Würdest/Könntest du bitte die Tür leise zumachen? d) Würdest/Könntest du dich bitte für das Geschenk bedanken? e) Würdest/Könntest du bitte den Hund füttern? f) Würdest/Könntest du bitte die Großmutter anrufen?

2 a) Könntet ihr bitte leiser sein? b) Könnten Sie das Wort bitte noch einmal buchstabieren? c) Könnten Sie mir bitte helfen? d) Könnten wir bitte einen Film schauen? e) Könnten wir bitte eine Pause machen? f) Könnten Sie bitte etwas größer schreiben?

3 a) Ich hätte gerne eine Pizza und ein Glas Rotwein. – Könnte ich bitte eine Pizza und ein Glas Rotwein haben?
b) Ich hätte gerne ein schärferes Messer. – Könnte/Dürfte ich bitte ein schärferes Messer haben?
c) Ich hätte gerne noch einmal die Speisekarte. – Könnte/Dürfte ich bitte noch einmal die Speisekarte haben?
d) Ich würde gerne noch ein Dessert bestellen. – Könnte/Dürfte ich bitte noch ein Dessert bestellen?
e) Ich würde gerne bezahlen. – Könnte/Dürfte ich bitte bezahlen?

4 (1) hätte (2) würde (3) könnte/dürfte (4) Könnten/Würden (5) würde (6) Könnte/Dürfte

4 | Wünsche und Träume

1 a) hätte b) wäre c) würde d) hätten e) würde f) wäre g) hätten h) wäre

2 a) hätte b) gäbe c) wäre d) würde e) wäre f) würden g) müsste h) bekäme i) könnte j) würde k) müsste l) würde m) müsste n) würde o) könnte p) würde q) bliebe r) könnte s) bräuchte t) dürfte u) würde v) hätte w) käme

3 a) Ich hätte gerne mehr Geld. b) Ich würde gerne Urlaub machen. c) Ich würde gerne lange verreisen. d) Ich wäre gerne bei dir. e) Ich wäre gerne ein Fußballstar. f) Ich hätte gerne eine größere Wohnung. g) Ich würde gerne neue Schuhe kaufen.
h – j) individuelle Lösungen

5 | Vorschläge machen und Ratschläge erteilen

1a) **Dialog A:** Wir könnten ins Kino gehen. **Dialog B:** Wir könnten Freunde einladen und etwas Leckeres kochen. **Dialog C:** Du könntest mit dem Hund rausgehen. Dann könntest du dein Zimmer aufräumen

1b) a) Wie wäre es, wenn wir ins Kino gehen würden/gingen? b) Wie wäre es, wenn wir Freunde einladen würden? c) Wie wäre es, wenn wir etwas Leckeres kochen würden? d) Wie wäre es, wenn du mit dem Hund rausgehen würdest/rausgingest? e) Wie wäre es, wenn du dein Zimmer aufräumen würdest?

2 **Max:** Also ich **würde** total gern nach Dänemark **fahren**. Wir **könnten** dann nämlich Luna **mitnehmen** und sie **könnte** den ganzen Tag am Strand **rumlaufen**!
Frau Sander: Ach, ich weiß nicht. In Dänemark waren wir doch schon so oft. **Könnten** wir nicht auch mal nach Italien **fahren**? Wie **wäre** das?
Laura: Au ja! Da ist das Wetter bestimmt auch besser.
Herr Sander: Dann **müssten** wir aber zwei Tage für die Anreise **einplanen**. Von Hamburg nach Italien ist es echt weit!
Frau Sander: Wir **könnten** auf halber Strecke in München bei meiner Cousine **übernachten**. Am nächsten Morgen **würden** wir dann ganz gemütlich **weiterfahren**.
Laura: Oder wir **könnten** doch auch mit dem Flugzeug **fliegen**!
Herr Sander: Ja, das ist keine schlechte Idee! Wie **wäre** es, wenn wir in Italien ein Auto mieten?
Max: Also ich finde das doof! Was **wäre** denn dann mit Luna? **Könnten** wir sie überhaupt **mitnehmen**?
Herr Sander: Wahrscheinlich nicht. Es **wäre** auch sicherlich viel zu heiß für sie.
Max: Ich hab's! Ihr fahrt nach Italien und ich fahre mit Oma, Opa und Luna an die Nordsee! Dann **wären** doch alle zufrieden, oder?

3 a) Du solltest endlich mal zum Arzt gehen! b) Sie sollte mal eine Tablette nehmen. c) Er sollte sich sofort ins Bett legen! d) Ihr solltet endlich weniger Schokolade essen!

4 (1) würde (2) könntet (3) wäre (4) würdet (5) würde (6) solltet (7) könntet (8) solltet (9) würde

5 (a) würde (b) wäre (c) würde (d) Wäre (e) solltest (f) solltest (g) solltest (h) solltet (i) wäre (j) würde (k) solltest (l) würde (m) wäre (n) würde (o) solltest

6 **Beispiellösungen**
a) Also ich würde das Fenster zum Lüften nur kurz öffnen. b) Du solltest die Heizung nur in wenigen Räumen anstellen. c) An eurer Stelle würde ich nicht in allen Räumen Licht anschalten. d) Wie wäre es, wenn ihr mehr Energiesparlampen nutzt? e) Wenn ich du wäre, würde ich nicht mehr jeden Tag duschen. f) Ihr solltet Geräte im Stand-by ausschalten. g) Du könntest dir doch einen günstigeren Stromanbieter suchen. h) An eurer Stelle würde ich einen Kaminofen einbauen und mit Holz heizen.

6 | Irreal vs. real

1a) kurze Haare – lange Haare, schüchtern – frech, traurig – fröhlich, sportlich – unsportlich, Katze – Hund, kleine Wohnung – großes Haus, langsames Fahrrad – schnelles Auto

1b) Beispiellösungen
a) Sie hat kurze Haare. Sie hätte gerne lange Haare. b) Er ist schüchtern. Er wäre gerne frech. c) Ich bin traurig. Ich wäre gerne fröhlich. d) Sie ist unsportlich. Sie wäre gerne sportlich. e) Er hat eine Katze. Er hätte gerne einen Hund. f) Wir haben eine kleine Wohnung. Wir hätten gerne ein großes Haus. g) Sie hat ein langsames Fahrrad. Sie hätte gerne ein schnelles Auto.

7 | Irreale Wunschsätze

1 a) Könnte ich doch auf dem Mond leben! b) Hätte ich doch einen Elefanten als Haustier! c) Wäre ich doch mit dem Kaiser von China verheiratet! d) Könnte/Würde ich doch die Sahara durchqueren! e) Könnte/Würde ich doch zum Mittelpunkt der Erde reisen! f) Wäre ich doch nochmal ein Kind! g) Könnte ich doch die Zeit zurückdrehen!

2 a) Wenn ich doch berühmt wäre! b) Wenn ich doch viel größer wäre! c) Wenn ich doch mehr reisen könnte! d) Wenn ich doch mehr Geld hätte! e) Wenn ich doch ein großes Haus hätte! f) Wenn ich doch teure Kleidung tragen könnte/würde! g) Wenn ich doch ein schnelles Auto hätte! h) Wenn ich doch ein Filmstar wäre!

3
a) Die Politik hat <u>zu spät</u> auf den Klimawandel reagiert. – Hätte die Politik doch früher auf den Klimawandel reagiert!
b) Er hat sich <u>nicht</u> vor Corona geschützt. – Wenn er sich doch vor Corona geschützt hätte!
d) Sie (Pl.) sind <u>zu spät</u> zum Arzt gegangen. – Wären sie doch früher zum Arzt gegangen!
e) Du hast dich <u>nicht</u> bei ihr entschuldigt. – Wenn du dich doch bei ihr entschuldigt hättest!
f) Wir haben <u>zu wenig</u> für die Prüfung gelernt. – Hätten wir doch mehr für die Prüfung gelernt!
g) Er hat <u>keine</u> Jacke mitgenommen. – Wenn er doch eine Jacke mitgenommen hätte!
h) Ich habe <u>keinen</u> Regenschirm eingepackt. – Hätte ich doch einen Regenschirm eingepackt!

4 (1) c) (2) b) (3) a) (4) c) (5) c) (6) b) (7) a) (8) b) (9) a)

5 a) Das hättest du nicht tun sollen. b) Ihr hättet ihm helfen müssen. c) Sie hätte sich wärmer anziehen sollen/müssen. d) Sie hätten den Zug nehmen sollen. e) Er hätte eine Maske tragen müssen/sollen. f) Wir hätten uns früher um die Eltern kümmern müssen. g) Ich hätte besser aufpassen müssen. h) Er hätte diesen Job annehmen sollen.

8 | Irreale Bedingungen

1a) a-F b-C c-A d-E e-B f-D

1b) a) Ich könnte zum Rudertraining gehen, wenn ich meinen Fuß nicht gebrochen hätte.
b) Ich würde meinen Vater jetzt besuchen, wenn er kein Corona hätte.
c) Ich würde vieles in meinem Leben anders machen, wenn ich nochmal 25 wäre.
d) Ich wäre nicht mehr wütend auf ihn, wenn er sich entschuldigt hätte.
e) Sie würde in einer Band spielen, wenn sie Schlagzeug spielen könnte.
f) Wir müssten nicht in den Waschsalon gehen, wenn die Waschmaschine nicht kaputt wäre.

2 a) Wenn ich einen Schirm mitgenommen hätte, wäre ich nicht nass geworden.
b) Die Besprechung wäre besser gelaufen, wenn wir uns besser vorbereitet hätten.
c) Wir hätten das Problem besprechen können, wenn du zu mir gekommen wär(e)st.
d) Wenn sie sich wärmer angezogen hätte, hätte sie sich nicht erkältet.
e) Wenn wir mit dem Zug gefahren wären, hätten wir nicht im Stau gestanden.
f) Er hätte den Flug nicht verpasst, wenn er rechtzeitig losgefahren wäre.

3a) Wenn Anne sich den Zeh **nicht** gebrochen hätte, (dann) ...
a) könnte/würde sie zum Rudertraining gehen. b) könnte/würde sie mit dem Fahrrad ins Büro fahren. c) könnte/würde sie eine Bergwanderung machen.
d) könnte/würde sie stundenlang durch die Stadt laufen. e) könnte/würde sie allein Auto fahren. f) könnte/würde sie im Garten arbeiten. g) könnte/würde sie Salsa tanzen.
h) könnte/würde sie mit dem Hund spazieren gehen.

3b) a) Wenn Anne wichtige Unterlagen nicht vergessen hätte, wäre sie nicht wieder nach Hause gefahren. b) Wenn Anne es nicht eilig gehabt hätte, wäre sie nicht schnell die Treppe hochgelaufen. c) Wenn Anne aufgepasst hätte, wäre sie nicht gestürzt. d) Wenn Anne feste Schuhe getragen hätte, wäre der Zeh nicht ungeschützt gegen die Stufe gestoßen.
e) Wenn der Zeh nicht gebrochen wäre, dürfte Anne Sport treiben. f) Wenn das nicht passiert wäre, müsste Anne nicht für 6 Wochen eine Schiene tragen.

3c) a) Anne wäre nicht wieder nach Hause gefahren, wenn sie wichtige Unterlagen nicht vergessen hätte. b) Anne wäre nicht die Treppe schnell hochgelaufen, wenn sie es nicht eilig gehabt hätte. c) Anne wäre nicht gestürzt, wenn sie aufgepasst hätte. d) Der Zeh wäre nicht ungeschützt gegen die Stufe gestoßen, wenn Anne feste Schuhe getragen hätte.
e) Anne dürfte Sport treiben, wenn der Zeh nicht gebrochen wäre. f) Anne müsste nicht für 6 Wochen eine Schiene tragen, wenn das nicht passiert wäre.

9 | Irreale Vergleiche

1 a) als ob b) als c) als ob d) als

2 **Lara:** ... Du tust wirklich so, als **würde** die Welt **zusammenbrechen**! ...
Lara: ... Als ob du das noch nie **gemacht hättest**! ...
Lara: Jetzt tu doch nicht so, als **wüsstest** du von nichts! Du benimmst dich wirklich, als **wärest** du der erste Mensch!
Nick: Und du führst dich auf, als ob du auf einmal Miss Supercool **wärest**! Als ob du gar keine Gefühle **hättest**! ...
Nick: ... Ich **wünschte**, ich **hätte** das nicht getan.
Lara: ... Wir tun jetzt mal so, als **wäre** das alles nicht passiert und fangen einfach nochmal von vorne an!

3a) a) Barbara tut so, als würde sie sich gut mit Computern auskennen. b) Felix sieht/sah aus, als hätte er nächtelang Partys gefeiert. c) Lisa benimmt sich, als wäre sie ein kleines Kind. d) Stefan tut/tat so, als hätte er mich nicht gehört.

3b) a) Nadja tut so, als ob sie ihn nicht kennen würde. b) Roman benimmt/benahm sich, als ob er die Weisheit mit Löffeln gefressen hätte. c) Das Haus sieht aus, also ob es gleich zusammenkrachen würde. d) Markus benimmt/benahm sich, als ob er verrückt geworden wäre.

4) a) Wunsch b) Vergleich c) Bedingung d) Bedingung e) Wunsch f) Vergleich g) Bedingung h) Vergleich i) Wunsch j) Bedingung k) Wunsch l) Vergleich

Der Konjunktiv I

1 | Formenbildung

1 a) Der Konjunktiv I wird vom **Infinitiv**stamm abgeleitet.
b) Die Endungen lauten **-e/-est/-e** (Singular) und **-en/-et/-en** (Plural).
c) Die einzige Form, die auch umgangssprachlich im Konjunktiv I verwendet wird, ist die **3.** Person Singular von allen **regelmäßigen** und vielen **unregelmäßigen** Verben, den **Modalverben** und vom Verb **haben**.
d) Von den Modalverben wird außerdem die **1.** Person Singular im Konjunktiv I genutzt.
e) Alle anderen Personalformen werden i. d. R. durch die Ersatzform im **Konjunktiv II** oder durch **würde + Infinitiv** ersetzt, weil sie **identisch** mit dem Indikativ Präsens sind.
f) Die Konjunktiv I-Formen in der **2.** Person **Singular** und **Plural** gelten als veraltet und werden deswegen nicht mehr oder sehr selten genutzt.
g) Das Verb **sein** bildet die Ausnahme: Es ist das einzige Verb, das in **allen** Konjugationsformen genutzt wird.

2a) a) ich sei b) er habe c) wir seien d) sie solle e) es könne f) Sie seien

2b) a) du würdest b) ihr könntet c) du hättest d) sie sollten e) wir müssten f) sie wollten

3 a) Genau wie im **Konjunktiv II** gibt es auch im Konjunktiv I nur **eine** Vergangenheitsform.
b) Sie wird vom Konjunktiv I der Verben **haben** und **sein** und dem **Partizip II** gebildet.
c) Auch hier werden für das Hilfsverb **haben Ersatzformen** im **Konjunktiv II** verwendet.

4 a) ich sei gerannt b) du hättest gegessen c) er habe gearbeitet d) sie sei geschwommen
e) wir hätten kommen können f) ihr hättet kaufen sollen g) sie hätten informiert

2 | Die indirekte Rede

1 (a) hätten (b) müssten (c) betrage (d) zeige (e) dürfe (f) brauche (g) würden diskutieren
(h) sei (i) sei (j) zeige (k) könne (l) komme (m) würden sehen (n) würden festhalten
(o) würden raten (p) solle (q) könne (r) stehe (s) komme

2 a) 1 b) 1 c) 2 d) 1 e) 1 f) 3 g) 3 h) 2 i) 1 j) 2 k) 1

3a) Der Angeklagte gab an, dass er zum Zeitpunkt der Tat, nicht in der Stadt **gewesen sei**, sondern in seinem Ferienhaus auf der Insel Sylt. Seine Haushälterin berichtete, sie **habe** Herrn X noch am Tag des Einbruchs morgens das Frühstück **zubereitet** und **habe** ihn **gefragt**, ob er besondere Wünsche für das Abendessen **habe**. Herr X **habe erwidert**, dass er gleich nach dem Frühstück in die Stadt **fahren werde**, weil er seinen Freund Herrn Y **treffen wolle**. Er **werde** nach dem Treffen abends weiter nach Sylt in sein Ferienhaus **fahren**.
Herr Y bestätigte, dass er sich mit Herrn X **getroffen habe**. Allerdings **wisse** die Polizei sicher, dass Herr X am Montagabend nicht nach Sylt **weitergefahren sei**: Eine aufmerksame Nachbarin, die anonym **bleiben wolle**, **habe** beim abendlichen Hundespaziergang **gesehen**, wie Herr X um 19:57 Uhr das Auto vor seinem Haus **geparkt** und nicht den Hauseingang **benutzt habe**, sondern im Schutz der Dunkelheit in den Garten hinter das Haus **geschlichen sei**. Ein zweiter wichtiger Zeuge, der Hausmeister des Sylter Ferienhauses, bestätigte, dass Herr X nicht um 20 Uhr, sondern erst um 23:30 Uhr in seinem Feriendomizil **eingetroffen sei**. Damit **sei** für die Polizei **erwiesen**, dass Herr X selbst den Einbruch **begangen habe**.

3b) a) „Gestern Abend war ich nicht in der Stadt, sondern in meinem Ferienhaus auf Sylt."
b) „Ich wollte meinen Freund Herrn Y treffen."
c) „Ich bin gleich nach Sylt in mein Ferienhaus gefahren."
d) „Herr X hat um 19:57 Uhr vor seinem Haus geparkt. Er hat nicht den Hauseingang benutzt, sondern ist hinter das Haus geschlichen."
e) „Herr X ist um 23:30 Uhr in seinem Ferienhaus angekommen."

3 | Perspektivwechsel

1 **Personalpronomen:** a) Sie habe Hunger. b) Ich sei gekommen. c) Ihr würdet schlafen. d) Wir hätten gelesen.
Possessivpronomen: a) Das sei ihr Haus. b) Er treffe seine Kollegen. c) Wir würden unsere Eltern besuchen. d) Das sei euer Hund.
Reflexivpronomen: a) Sie würde sich freuen. b) Ich hätte mich geärgert. c) Er informiere sich d) Ihr hättet euch bedankt. e) Wir würden uns kennen. f) Du hättest dich angesteckt.

2 a) Ahmad sagt, er habe viel Geld und kaufe sich eine neue Wohnung.
b) Susanne meint, sie müsse unbedingt mehr Sport machen.
c) Mohammed behauptet, er habe dich gestern angerufen, aber du seist nicht zu Hause gewesen.
d) Martin erzählt, seine Oma schenke ihm zum Geburtstag ein Fahrrad.
e) Carla informiert, sie würden am Wochenende ihre Eltern besuchen.
f) Parwaiz erklärt, ihr hättet euch gut über die Handyverträge informiert.
g) Michael klagt, du hättest dich überhaupt nicht bei ihm für das Geschenk bedankt.

3 a) Ahmad sagt, dass er viel Geld habe und sich eine neue Wohnung kaufe.
b) Susanne meint, dass sie unbedingt mehr Sport machen müsse.
c) Mohammed behauptet, dass er dich gestern angerufen habe, aber du nicht zu Hause gewesen seist.
d) Martin erzählt, dass seine Oma ihm zum Geburtstag ein Fahrrad schenke.
e) Carla informiert, dass sie am Wochenende ihre Eltern besuchen würden.
f) Parwaiz erklärt, dass ihr euch gut über die Handyverträge informiert hättet.
g) Michael klagt, dass du dich überhaupt nicht bei ihm für das Geschenk bedankt hättest.

4 | Modalverben in der indirekten Rede

1 **Dialog A:** Sebastian erklärt Katrin: „Anne sagte, sie könne dich nicht sehen."
Dialog B: Beate erläutert: „Klaus sagte, er wolle die Stelle noch einmal mit uns proben."
Dialog C: Yasmin erklärt: „Samira sagte, du solltest das nicht sagen."
Dialog D: Sabrina antwortet: „Der Chef fordert, wir müssten den Konflikt unbedingt lösen."

2 a) Katrin sagte, dass sie die Sängerin nicht habe verstehen können.
b) Meine Eltern meinten, dass sie sich nicht hätten ärgern sollen.
c) Ihr erzähltet, dass ihr vom Konzert nicht viel hättet erwarten dürfen.
d) Sie berichteten, dass sie viel Geld für die Karten hätten ausgeben müssen.
e) Du behauptetest, dass du das Geld hättest sparen können.
f) Jens war der Meinung, dass ich lieber eine CD hätte anhören sollen.

3 a) falsch b) richtig c) falsch d) richtig e) falsch f) richtig

1. Auflage 2025 24 23 22
Alle Drucke dieser Auflage sind unverändert und können im Unterricht nebeneinander verwendet werden. Die letzte Zahl bezeichnet das Jahr des Drucks.

www.schuenemann-verlag.de | www.sprachzeitungen.de

Autorin: Anne-Kathrein Schiffer

Redaktion: Melanie Helmers, Anne-Kathrein Schiffer

Gestaltung und Satz: Christoph Lück

Printed in EU 2022 | ISBN: 978-3-7961-1166-2

Klimaneutral Druckprodukt
ClimatePartner.com/12995-2207-1011